767

遺品整理士という仕事

木村榮治
KIMURA EIJI

HEIBONSHA

遺品整理士という仕事●目次

構成／宮崎晶子
図版作成／丸山図芸社

はじめに　私が遺品整理士認定協会を立ち上げたわけ

「遺品整理」という仕事をご存じでしょうか。遺族が故人の荷物を片づけたり処分したりするのをお手伝いする仕事です。ときには立ち会うことのできない遺族に代わり、主《あるじ》の去った家の中をすっかりきれいにすることもあります。死後何日もたって発見されたような場合は、臭《にお》いの除去や殺菌・消毒も必要ですから、自分にその知識があれば遺品整理と併せて作業をしますし、自分だけでは不安な場合は特殊清掃ができる業者とタッグを組んで仕事をします。また、依頼者が手放すものを中古品として転売したりリサイクルの対象にしたりするため、買い取りを行う業者もあります。

私が遺品整理の仕事をはじめて目の当たりにしたのは二〇一〇年、父が亡くなったときでした。前日まで何事もなく元気だったのが、突然の事故に見舞われ、その翌日には帰らぬ人になってしまったのです。

七八歳だった父の突然の死に、私たち家族は慌《あわ》てふためきました。葬儀社への対応の仕方も分からないながら、ひとまずほうぼうに連絡を入れ、何とか葬儀を終え、その後も法要や四九日など、日々は悲しむ間もなく過ぎてゆきました。父の遺品を整理しなければならないと思ったのは、いろいろな死亡後の手続きなどが終わって一息ついてからのこと。とは言え、どんなところにお任せすればよいのか皆目分かりませんでしたから、ひとまず近所の便利屋さんにお願いしたのです。

お願いした時点では、便利屋さんがきちんとした仕事をしてくれることを疑う余地もありませんでした。地元の人ですし、さらに身内からの紹介もあったので、特に問題ないだろうと思っていたのです。そのとおり、作業そのものは問題なかったと言ってもよいでしょう。明るくあいさつをしてくださいましたし、手際もあざやかなものでした。母も「部屋があっという間にきれいになっていくわね」と感心しきりな様子。しかしそんな母とは対照的に、彼がテキパキと仕事をこなせばこなすほど、それを見守る私の心はだんだん暗くなっていきました。

彼にとって、不用品を処分するという仕事は日常です。しかし、私たちにとっては日常ではない。突然、愛する身内を亡くしてしまった遺族なのです。それをきちんと理解してくれていれば、はじめにお悔やみの言葉が出てくるものではないでしょうか。しかし爽《さわ》やかに「こんにちは、よろしくお願いします！」とだけ言った彼は、「不用品はこのあたりですね」と、父の遺品を次々と段ボールへ投げ込んでいきました。

「不用品」と言われればそれまでです。しかし、私と母にとっては、その一つ一つに父の思い出が詰まっている大切なものでした。それに、父が生きてさえいればまだ活躍していたものたちです。もとの持ち主が不要であると判断したものではありません。つまり、「不要にならざるを得なくなってしまったものたち」なのです。それを単なるごみとして扱われると、私たちの思い出はもちろんのこと、まるで父の尊厳までもが損なわれたように感じました。

通常の引っ越しと同じようなさばけた態度で淡々と作業を進めていく彼に、いつしか私は小さな声で「もう、結構です」と言っていました。作業はまだ終わっていませんでしたが、これ以上、父の遺品をぞんざいに扱われるのは、心が張り裂けるようで我慢できなかったのです。

それは自分でもまったく予想だにしなかった感情でした。父の遺品は、「もう使わないもの、処分しなければならないもの」、つまりは不用品です。そして不用品を日常的に回収しているのが便利屋さん。だから便利屋さんに頼んだのです。

そのことの、いったい何がいけなかったのか。

もしかして、自分と同じような気持ちになってしまう人は他にもたくさんいるのではないか。

そんなふうにモヤモヤした気持ちを抱えながら、結局は自らの手で父の遺品を整理することになりました。父を思い起こさせるような品が出るたびに懐かしさや切なさが込み上げてきて、部屋をすっかりきれいにするのに、何日も何日もかなりの時間がかかりました。


後日、遺品の供養を専門にしている知り合いの社長にその体験を伝えたところ、ねぎらわれた後に驚くべき一言を聞くことになりました。

「もっと心ない業者のせいで、悲しむ人も多いんですよ」

詳しく聞いたところによると、見積もりの倍額を請求されて泣く泣く支払ったり、業者が帰った後に改めて確認すると貴重品がなくなっていたり、といったトラブルがたくさん発生していると言うのです。特に高齢者や女性などの遺族は、強く出ることもできずに泣き寝入りしてしまうとのこと。さらに驚いたのが、遺品を山などに不法投棄する業者が少なからず存在する、ということでした。

「お年寄りが多くなって、遺品整理の需要はこれからどんどん増えてくると考えられているのに、こんな状況なんですよ」と言われ、私は考えました。需要が増えてくるにつれ、遺品整理の経験がない引っ越し屋や便利屋、リサイクルショップなどがどんどん参入することになるでしょう。心ない業者のぞんざいな扱いによって、傷つく人がたくさん出てきてしまうのではないか。そして法規制に則《のっと》ることのない業者が遺品を不法投棄し、何の罪もない依頼者が犯罪に巻き込まれてしまう可能性が高まってくるのではないか。

これは、遺品の整理にまつわるガイドラインを作らなければたいへんなことになる。

「遺品整理士」の資格を作ろう。遺族の立場に立って仕事ができる人を育てよう。

気づけば、私はそう決意していました。静かにやさしく目をつぶっている父の顔が浮かび、何か父の導きがあった気がしました。

そこからは、自分でも信じられないくらいのスピードで、ことが進んでいきました。遺品整理の業界にいながら、その体質に問題を感じている数人の人々とともに、資格を認定する協会を作る体制を整えました。そして社会学を専門として孤独死の問題などにかかわっている大学の先生や、人形供養《くよう》などのお焚《た》き上げを行っている神主さんなどに「遺品整理に携わる人のテキストを作るので、ご協力いただけませんか」とお願いをして回りました。突然の依頼ながらも専門家の皆さんが快諾してくださったのは、社会的なニーズが水面下で高まっていたことの表れでした。遺品整理が適正に行われることの重要性を、正確にご理解いただいたのだと思います。

大学の社会学の教授にご指導をいただきながら、理想の遺品整理士の姿を膨らませていきました。法律の専門家に協力してもらい、廃棄物処理に関する正しい法的知識について学びました。神主さんからは、故人が大事にしていたものを供養することによって生まれる遺族への癒しについて語っていただきました。そして遺品整理士の養成テキストを作り上げ、二〇一一年の九月に「遺品整理士認定協会」を設立したのです。父が亡くなってから、ちょうど一年後のことでした。

北海道千歳市のオフィスビルに事務所を間借りし、ささやかにスタートした当協会では、私も事務所の職員も、一ヶ月に数件の依頼が来れば上出来であろうとのんびり構えていました。しかし、設立してわずか三ヶ月目のこと。我々の遺品整理士の仕事を紹介したインターネットの新聞記事が、大手検索サイトのトップニュースに掲載されたのです。すると、その日のうちに六百件を超える問い合わせをいただきました。すべて「遺品整理士の資格を取りたいが、どうすればいいか」といった問い合わせです。応募者は、便利屋や引っ越し業者、リサイクルショップ、葬儀社、福祉施設など、日ごろから遺品整理に接しているだろう方々。

次の日からも、一日五十件ほどのペースで受講の申し込みをいただき、処理をする事務の女性が「土日にきちんと休んでいるのに、全然疲れが取れません」と訴えるほどの忙しさでした。

それからは認定手続きの作業に追われる日々が始まりました。一人、また一人と新しい遺品整理士が誕生するたび、「こんなにも隠れたニーズがあったのか」と改めて自分自身の使命を嚙《か》みしめ、これから会員たちを指導していく立場になるのだ、我々がこの国の遺品整理のあり方をはじめから作り直すのだ、という思いを強くしました。

設立からわずか四年弱にもかかわらず、今まで多数のメディアに取り上げられ、手もとにある関連記事だけでも百以上を数えます。それだけ世間から注目が集まっている背景には、残念ながら一部の業者の悪事があるということを見逃すわけにはいきません。急激に業者が増えた分、玉石混淆《ぎょくせきこんこう》の中から正しい仕事をする業者を依頼者側が見極めきれず、遺族が悲しい思いをすることが増えているのです。

遺品整理士の資格を持つ方々からは、合格時に必ず同意書をいただいています。「遺品整理士の名誉を傷つけること、恥ずべきことを行った場合、すぐに資格を剥奪します」と、同意書にはあります。万が一、遺族から不快な思いをさせられたというような苦情があった場合はきちんと調査して、本当に失礼なことがあったと分かれば資格を剥奪するどころではなく、心の傷への賠償も含めて対応したいと思っています。それは、教育をしてきた私たちの責任でもあるからです。そこまでしてこその遺品整理の全国組織である、という自負と誇りがあります。

遺品整理士にとって最も重要なことは「遺族に代わって整理をさせていただく」、この一点。簡単なようで、案外難しいことです。しかし、遺族には愛する人を亡くした悲しみだけで十分です。あのとき自分が受けたショックを忘れないようにしながら、今日も真心と正しい知識のある仕事人を育てていきたいと考えています。

第一章　無法地帯に投げ込まれる遺品を救え

遺品整理士はコーディネーター

故人の持ちものを、受け継ぐものと受け継がないものとに分け、受け継がないものはリサイクルに出すか、ごみとして処分する。遺品整理を一言で表せば、以上のようになります。作業内容として表すとしたら「分別・清掃・査定・搬出・処分」です。遺族の指示のもと、この一連の作業を、心を込めて請け負うのが遺品整理士の仕事です。

単純な内容に見えてしまうかもしれませんが、遺品整理士自身が持っている資格や技術によっては、部分的に専門業者へ委託しなければならない場合も多々あります。極端な話、公的資格を何も持っていない遺品整理士だとしたら、「分別・清掃」だけしかできないのです。まさに整理のための仕事人といったところですが、当然ながら遺族の求めることはそれだけではありません。

依頼の内容を詳しく聞き取り、一連の流れを組み立て、自分の業務と委託業務を分ける。委託業務については、どんな業者にどのタイミングで来てもらうか、タイムスケジュールを組み立てる。様々な業者が訪れる中で、遺族の気持ちに寄り添いながら、いかにスムーズに遺品整理が行われるかを管理することまでが仕事なのです。そういう意味では、遺品整理士はコーディネーターであると言えるでしょう。

具体的にはどのような業者と提携してどんな業務を行うのか、遺品整理の流れをご紹介していきましょう。

遺品整理士の仕事は、大まかに言えば「分別」と「運搬」に分けられます。依頼者宅に入る際、最低限必要なものは段ボールと軍手、ガムテープや養生テープ、カッターや清掃道具など。道具だけ見れば、引っ越し業者と変わりません。

ただ、場合によっては、整理のために部屋に立ち入れるか否かを判断するところから始めなければなりません。部屋で亡くなり、遺体の発見まで時間が空いてしまった場合は、臭いがきついため整理をする前に消臭や消毒を行う必要があります。遺品整理士自身がその技術や知識を持っていない場合は、作業をする前に消臭・消毒・脱臭の専門業者に来てもらいます。

部屋に立ち入れる状態になったら、いよいよ整理を始めます。搬出のこともあるので三人以上で伺うことが多いですが、室内では基本的に二人一組となって、一人は段ボールを組み立て、一人は分別して箱に詰めていく作業が主となります。

最後に搬出するための動線を考えながら、かさばるものや軽いものは大きな段ボールへ、小物やその他、特に重いものは小さな段ボールへと箱詰めしていきます。このとき、片づけるべき最初のものが布団です。面積を取っているうえにかさばるので、早い段階で廊下や玄関などに出して片づけのスペースを多く取ります。

遺族に指示を仰ぎ、手もとに残すものは段ボールを分けて、内容物のチェックリストを作りながら分別していきます。この際、主に次のような分別となります。

・写真や手紙など、手もとに残す思い出の品
・現金、印鑑などの貴重品
・査定してもらうもの
・リサイクル家電
・可燃物

・不燃物
・家具

部屋の片づけが終了したら、リサイクル業者に来てもらいます。処分するもののうち、まだ使えると思われるものを買い上げてもらうためです。その場で査定を行ってもらったり、量が多ければいったん持ち帰ってもらったりします。

リサイクル業者が帰ったら、処分品を運搬する業者に来てもらいます。一般家庭から出るごみ運搬の許可を得ている業者は、自治体ごとに決まっています。玄関先が混雑しないように、リサイクル業者の仕事が完了する頃合いを見計らって予約します。

また、処分対象となったもののうち「このまま捨てるのはどうしても忍びない」と遺族が迷うようなものに対しては供養を勧め、部屋の原状回復まで希望された場合はハウスクリーニングを手配し、あるいはリフォーム業者に引き継ぐなど、依頼者の要望によって様々な業者と連携することになります。

もちろん、それぞれの業務について遺品整理士自身が知識や技術、資格を持っているとすれば、コーディネートの手間は省かれます。

依頼者の多くは時間がないからこそ遺品整理を業者に頼むわけですから、整理から回収までを限られた時間内に終わらせなければなりません。何時にどんな業者に来てもらうか、それを正しく設定するのがプロの仕事なのは言うまでもないことですが、焦って依頼者を

遺品整理前の部屋

遺品整理後の部屋。このように部屋の印象が丸ごと変わってしまうこともある

遺品整理の業務

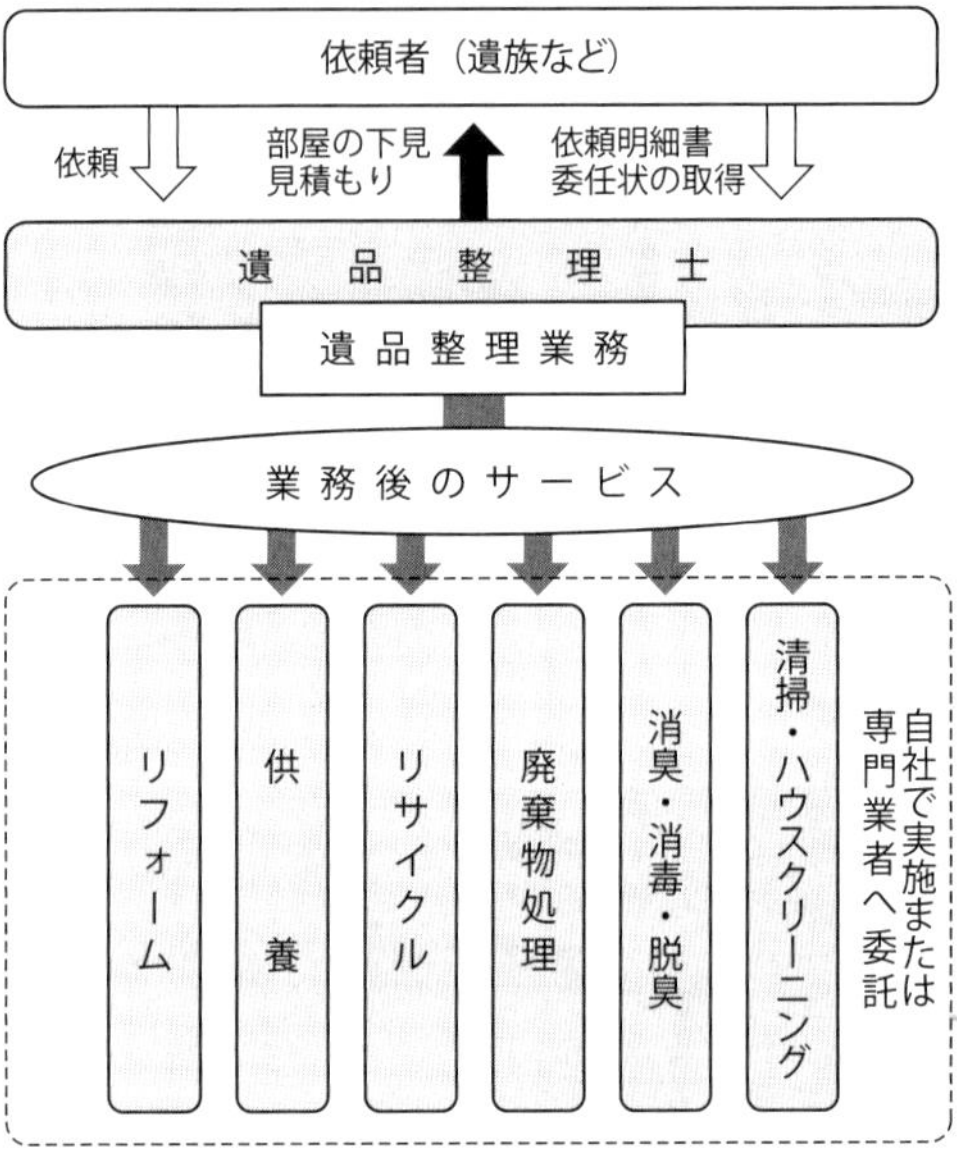

遺品整理士はコーディネーターでもある。多岐にわたる業務を差配し、自分で行う業務と委託する業務に振り分ける力も必要とされる

いたわる気持ちを忘れてしまったら本末転倒です。あくまで遺族になり代わって業務をさせていただいているのだという意識を持ち、自分が遺族になったつもりで丁寧な作業ができなければなりません。また、その場で要望が生じるようなことも多々あるでしょう。それについても、できる限り対応できるような臨機応変さが必要になります。

　また提携業者を選ぶ責

任も課されています。遺品整理士がどんなに丁寧な仕事をしても、他の業者が遺品をぞんざいに扱ったり、依頼者に心ない言葉をかけたりするようであっては、一連のサービスとして質がよいとは言えません。法規制に則った仕事をしているか、依頼者に対して良心的な価格設定をしているかなどまで含め、一緒に仕事をする業者を見極めます。そこまでしてはじめて、プロの遺品整理士の仕事なのです。

今高齢化する社会で遺品整理の仕事が大きなニーズをつかむ中、単なる不用品回収とは一線を画した、この遺品整理士のサービスが求められています。

本来なら遺族が行うはずの遺品整理

遺族が集まって形見分けをし、残ったもののうち処分品は分類して、それぞれの回収の日に出す。まだ価値があると思えるものはリサイクルショップなどに持っていったり、知り合いに譲ったりする。どんな人が亡くなっても必要な作業ですし、日本ではつい最近まで、遺族が中心となって行ってきました。

ある程度、お年を召した方であれば思い描くことができるでしょう。例えばおばあちゃんが亡くなって、四九日法要の日に親族皆でたんすの着物を広げている光景を。先祖代々からの遺品が詰まったたんすや柳行李《やなぎごうり》が、蔵や離れの奥の方で静かに佇《たたず》んでいる様を。

そう、昔は皆でじっくりと形見分けができましたし、処分に迷うものや大きなものは、ひとまず家に置いておくことができました。しかし最近になって、遺品整理のあり方は大きく変わってきています。数少ない親族が、限られた時間の中で慌ただしく貴重品だけを選《よ》り分ける。そして一軒家であれば処分するために、賃貸であれば大家さんに引き渡すために一切合財をどこかへ移動させなければならない。そんな、遺族にとってかなり負担の大きい作業へと様変わりしたのです。

その中で業者の役割も大きな変化を遂げました。もちろん、以前から遺品を引き取るような仕事は存在しましたが、多くは遺族が分類をした後に手放すものを持っていくだけで、回収業者としての意味合いが強かったのです。しかし今ではもっと大きな役割を担うようになっています。

例えば無数の遺品の中から形見分けすべきものを洗い出し、必要な重要書類などを見つけ、限られた時間の中で分別や査定を行う。ときにはごみ屋敷状態の家を一から整理し、孤独死の悲惨な現場に足を踏み入れる……。遺族の判断のもとに整理し、不用品を持ち運ぶだけの仕事から、遺族と一緒に、ときには遺族に代わって判断し、整理を進める仕事へと変貌を遂げたのです。

つまり業務としての遺品整理は、単純な作業から、より複合サービス的な意味合いを含むようになってきたと言えるでしょう。

「一世代につき一軒」がもたらした変化

どうしてこのような変化が生じたのでしょうか。当協会の会員業者に寄せられる依頼の四つの動機から、理由を考えてみましょう。

一　重い荷物が運べず、遺品整理を行いたくても、体力的に難しい

こちらは特に配偶者を亡くした高齢者からの依頼が多いケースです。一人暮らしとなり、頼りとなる親族も近くにいないことから、ポストに投函されたチラシなどを見て依頼の運びとなるようです。

二　時間がうまく取れないので、代わりにやってもらいたい

整理すべき両親宅から離れて暮らしている、働き盛りの方からの依頼が多いケースです。

遺品を選別する、分別して処分する、査定して買い取ってもらうといった段階的な整理が、自分には時間的に不可能であると気づき、依頼をされるようです。あまり勧められることではありませんが、現場での立ち会いなしという場合もあります。

三　両親が亡くなり、空き家になったので、家財道具などを整理・処分したい

住居空間を丸ごと空にしなければならないというときは、どんなに人数がいても、時間があっても遺族の力だけでは何ともならないでしょう。親と子の同居が当たり前ではなくなってきた現代において、最終的には誰もが辿《たど》り着く結末であると言えるかもしれません。

四　整理して、価値のあるようなものがあれば買い取ってもらいたい

形見分けをしてもなお手放すべき宝飾品や貴重品があり、その価値が分からない。または故人が価値のあるものを所有していたかどうかすら分からない。そんな遺族からの依頼です。生前に、受け継ぐべき宝飾品や貴重品の価値について、話し合う機会を設けられない家族が増えているということでしょうか。

以上四つを考え合わせると、多世代での同居ができていれば、ある程度の問題はクリアできることが分かります。一緒に住んでいた親が亡くなった場合、親の自宅にあるもの以外は当然まだ使いますし、自分の家の中のことですから、ゆっくりと時間をかけて行えばよいのです。骨董品《こっとう》や宝飾品などについても、生前に聞いておくタイミングは無数にあり、また一緒に住んでいれば、どこにどんな貴重品があるかは何となしに知っているものです。

しかし戦後、核家族化が進み、さらに少子高齢化も進んだ結果、必然的に高齢者の単身世帯も増えることとなりました。内閣府「高齢社会白書」によると、一九八〇年には約八八万世帯しかなかった六十五歳以上の単身世帯は、二〇一〇年の段階で約四七九万世帯。三十年で五倍以上にも膨れ上がっています。これはどのくらいの割合を示すのでしょうか。

平成二十二（二〇一〇）年の国勢調査では、男性は約一一%、女性は約二〇%の高齢者が一人暮らしをしているという結果が出ています。男女にかなりの開きがありますが、女性と男性の寿命の違い、そして戦中・戦後の適齢男性の不足により独身のままとなった女性の多さがここに表れていると言えるでしょう。同じ調査の中で年齢別に家族類型を調べたところ、女性における単独世帯の割合のピークは八十歳から八十四歳。日本は「一人暮らしのおばあさん」が多い国なのです。

一人暮らし高齢者（65歳以上）の動向

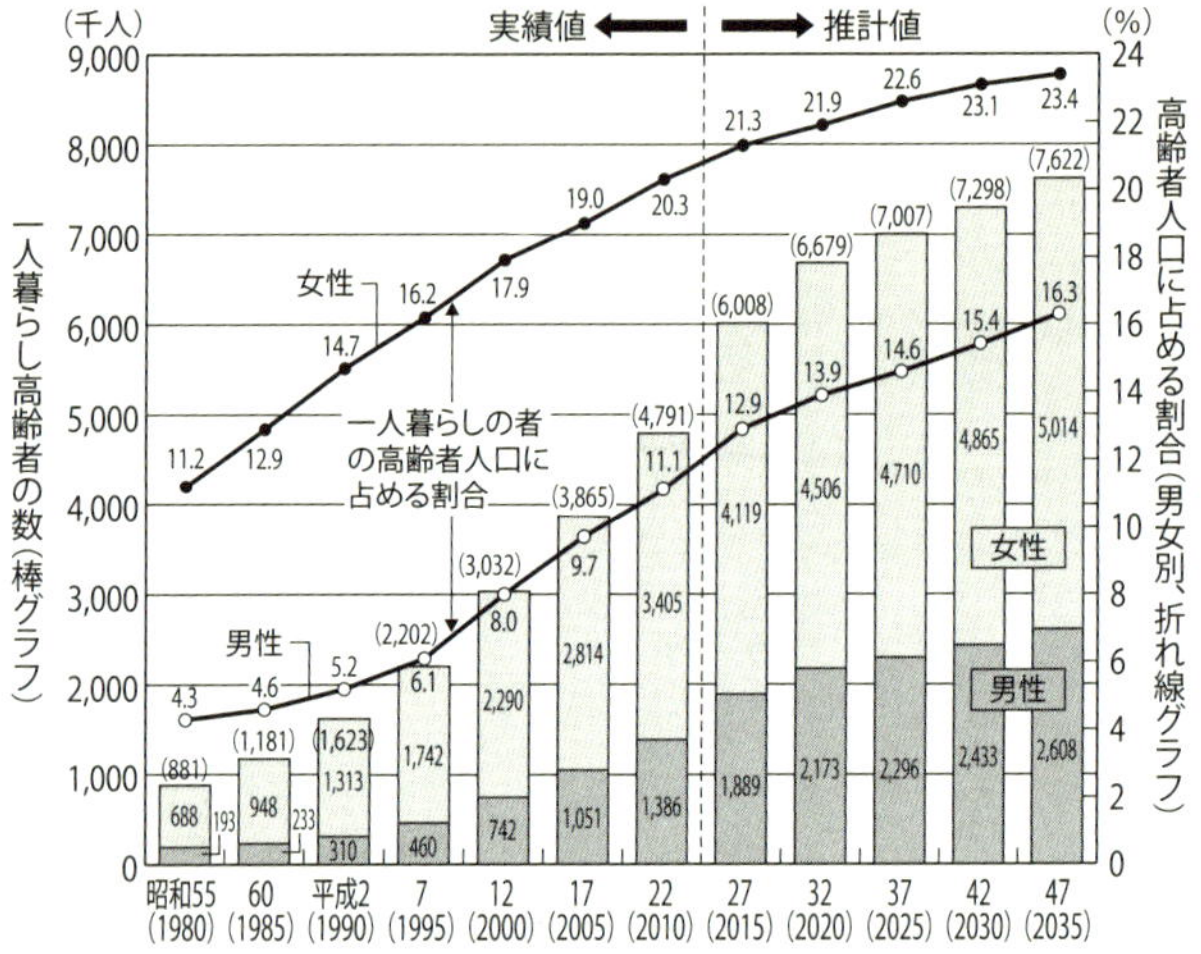

内閣府「平成25年度　高齢化の状況及び高齢社会対策の実施状況」（『平成26年版高齢社会白書』）より

一人暮らしのおばあさんが辿ってきた道は、多くは以下のとおりでしょう。お嫁に行くまでは、親もとで暮らしていました。お見合いや恋愛で結婚し、家を出ました。夫の両親と同居、または新居を構えて二人暮らし。そのうち子どもが生まれます。子どもはそれぞれ独立して家を出ていきました。夫の両親を看取り、夫も看取り、今は一人で暮らしています。そう、高齢にしてはじめての一人暮らしです。住まいには、何十年、もしかしたら先祖代々何百年分の、家族のものがあふれています。

特に、経済成長に伴って急激に裕

福になった結果、今までの日本人とは比べものにならないくらいたくさんのものを持つことになりましたから、人一人が亡くなって残される遺品の数は相当なものです。また経済成長そのものを、核家族化が支えてきたという背景もあります。新婚夫婦のために、あるいは学生が一人暮らしをするために、単身赴任のためにマンションやアパートが次々と建てられ、そこにはテレビや冷蔵庫、洗濯機などの生活必需品も一つずつ必要です。

そして、そこに住んでいた人たちが亡くなる。一世代が、一人が亡くなるだけなのに、テレビが、冷蔵庫が、洗濯機が、一切が不要になる。どういうことになってしまうか、お分かりのことと思います。

一世代が亡くなるごとに、ものがぎゅうぎゅうに詰め込まれた一軒の家をつぶす。そんな、前代未聞の膨大な作業に遺族が取り組まなければならない時代となったのです。

高齢者単独世帯はどんどん増えていく

「二〇二〇年問題」「二〇三〇年問題」という言葉をご存じでしょうか。「二〇二〇年問題」は、いわゆる「団塊の世代」が後期高齢者になることにより、「多死時代」が到来することを言います。「二〇三〇年問題」は、未婚や死別によって単身世帯が急増することを指しています。どちらも今までどの国も経験したことのない急激な変化であり、想定外の社会問題が起こる恐れがあることを新聞などが報じています。

内閣府のデータによると、全人口に対し我が国の六十五歳以上の高齢者が占める割合は、二〇一三年にはじめて二五％を超えました。すでに四人に一人が高齢者となったのです。さらに先の推移を見ると、二〇三五年に三三・四％で、三人に一人が高齢者となるとのこと。そして二〇四二年以降は、高齢者人口が減少に転じても高齢化率は上昇を続け、二〇六〇年には三九・九％に達して、国民の約二・五人に一人が六十五歳以上の高齢者になる社会が到来すると推計されています。

加えて、単身世帯の増加についてはどうでしょうか。先のグラフで見ると、二〇三五年の高齢者単独世帯は七六二万世帯にまで膨れ上がると推計されています。これがもっと先の将来、どんな状況になるか。高齢者の増加率がとどまらないところを見ると、まだまだ増えそうです。遺品整理はますます困難を極めるとともに、身内による担い手も少なくなってくることでしょう。

どんな人も他人事ではない

　また、遺品整理に関する苦労は単にものの多さや時間のなさに集約されるものではありません。多くの遺族は、孤独死や賃貸物件からの退去などの切羽詰まった状況でない限り、遺品整理を業者に依頼しようと思うまでかなりの期間を要するようです。はじめは自分たちだけで行おうと頑張るのだけれど、故人の遺品一つ一つに思い出を見出し、昔の話に花を咲かせてしまい、なかなか進まない。自分たちも慣れ親しんだ家がなくなってしまうかと思うと、どうしても踏ん切りがつかない……。

　高齢化などの社会問題に隠れて本質が見えなくなってしまいそうですが、遺品整理は、ただそれだけで精神的に辛いものです。亡くなることは、当然ながら人の手では止められません。茶毘《だび》に付すことも、遺族の意志にかかわらず速やかになされてしまいます。こうして故人の身体はなくなりますが、遺品は消えません。遺品が消えるタイミングを決めることができるのは、遺族だけ。遺品は、遺族がその意志を持って整理する判断を下すまで、故人の生きた証としてあり続けるのです。

　故人が本当にいなくなってしまったことをありありと突きつけられてしまう、そのタイミングを決めなければならない精神的負担は、故人を愛していればいるほど大きいものではないでしょうか。

あるいは自分一人では捨ててよいものなのかどうか判断がつかず、一年、二年とたってしまうといったケースをよく聞きます。このようなことも、一昔前であればなかったのではないでしょうか。親族が寄り集まって、知恵を出し合いながら整理を進めれば、自然と判断がついていたはずです。今は事情が違います。残された一人や二人の遺族だけでは決心できない、誰かに相談しながら整理を進めたいということも、業者に任せる動機になっています。

以上のように、第三者を入れなければとうてい整理を進めることができないという精神状態になることを考えれば、遺品整理を業者に頼むような状況は誰にでも訪れる可能性があると言えるでしょう。

遺品整理で陥りやすい三つのトラブル

膨大な量の遺品を処分しなければならないという状況下に遺族が突然置かれ始めたこと、また「遺品整理」という言葉が一部の業者から生まれたことにより、遺品整理の需要は急激に伸び始めました。様々な関連業者がその供給に応じた結果、当協会が発足した二〇一一年九月時点で全国に約三千社ほどあった遺品整理の関連業者は、二〇一三年十一月の時点で五千～六千社と倍増しています。今後も確実に増えていくものと思われ、供給が不足するような事態にはならないと考えてよいでしょう。しかし、だからこそ遺族には気をつけていただきたいことがあります。

遺品整理を依頼する方の多くは、一人暮らしの高齢者や重いものを運べない女性です。つまり体力的に弱い立場にある人が、チラシなどで知った、つまりよく知らない、たいていは男性である業者を家へと迎え入れるということを、客観的に考えてみてください。どんなに治安がいいと言われる日本においても、リスクの伴う行為であることは一目瞭然ではないでしょうか。

そして実際にトラブルは多発しています。目立つのは高額請求で、見積もり時より大幅に請求額を吊り上げられたとして消費者の相談窓口に多くの苦情が寄せられているのです。遺品整理の金額というのは、規模にもよりますが家一軒を整理すれば数万円で済むことはまずありません。数十万円にはなりますが、それが吊り上げられれば百万円を超えてしまう場合もあるでしょう。

それをただ「突っぱねればよいのだ」と言えるのは、当事者になったことがないからです。自分しかいない自宅に踏み入られているという状況に気づいて恐ろしくなり、「もめたらどんなことをされるか分からない」と言うなりになってしまう高齢者や女性のことを、誰が責められるでしょうか。そして、そこにつけ込む卑劣な業者が、確かに存在するのです。

トラブルは高額請求にとどまりません。個々の例にはいくつかの要素が絡み合うこともありますが、大きくは次の三つに分類することができます。それぞれ、事例を交えて紹介しましょう。

一　その場で起こる金・もの・心のトラブル

先に紹介したような高額請求はもとより、買い取りに訪れた際に貴重品を盗まれるという事例も発生しています。二〇一三年十月から年明けにかけて、高齢女性が貴金属買い取り業者を装った男に貴金属を盗まれる被害が同地域で多発したと静岡新聞が報じました。被害総額は数百万円に上るそうです。男は貴金属を鑑定するふりをして、女性がその場を離れたすきにそのまま持ち去ったとのこと。こんなことが次々に起こったというのです。もはやトラブルどころか明らかな犯罪です。相手が社会的に弱い立場であることにつけ込んだ、悪質な業者の仕業と言えます。

このケースは必ずしも遺品にかかわる犯罪ではなかったようですが、もしこうして盗まれたものがかけがえのない形見の品だったらどうでしょう。故人に対して申しわけが立たず、自分が気に入っていただけのものよりも、心に相当なダメージを負うことが分かるでしょう。このように、特に遺品についてのトラブルは、ものやお金のトラブルにとどまることなく、遺族の心のダメージに直結してくるのです。

また「部屋の中をだいぶ汚しましたね」「こんなものでは一文にもなりませんよ」などと心ない業者に乱暴なもの言いをされる、また悪意はなくとも遺品を粗末に扱われるといったことは、直接的な心のトラブルと言えます。さらにお金やもののトラブルが重なると、遺族の心はズタズタになってしまいます。

二　不法投棄

二〇一四年八月、十勝地方の空き地などで中古家電製品が三百台以上も不法投棄されているのが見つかり、札幌市の廃品回収業者が逮捕されました。冷蔵庫やパチンコ台などの廃棄物約一六〇キロを私道などに捨てたとのこと。また翌月には宮城で、これは産業廃棄物の業者ではありますが、建物の廃材や廃プラスチック、焼却灰などを不法投棄したとして中間処理業者が現場検証を受けました。最終的な不法投棄量は数百トンに上ると見られています。なお同時期に熊本でも逮捕者が出ました。解体業者が、家屋を解体して出た木くずやコンクリート片など約七〇トンを、熊本市の空き地に捨てたとのこと。

このように不法投棄事件は後を絶ちません。不法に投棄されるものは産業廃棄物などの場合も多いのですが、遺品整理で引き取ってきたものも大量に紛れ込んでいます。もしかしたら、このようなニュースを日ごろから目にする人には「よくあること」かもしれません。そのような業者にかかわってしまっても、運が悪かった、しょうがないという考えの人もいることでしょう。

しかし、想像してみていただきたいのです。他のおびただしい家電などと一緒に雨ざらしになっているのが、自分の持ちものだった品ではなく、母親の嫁入り道具の鏡台だったとしたら。家族の思い出がたくさん詰まっているちゃぶ台だったとしたら。愛する人が使っていたものが、きちんと処分されることなく打ち捨てられ、環境破壊の一部を担ってしまっているとしたら……。

謝るべき故人はすでにいません。

三　不正買い取り

二〇一四年三月十二日の東京スポーツ一面に「震災から三年　仮設住宅　遺品に群がるハイエナ業者」というショッキングな見出しが躍りました。遺品整理業者が、「遺族がおらず誰からも文句を言われないから、とタカをくくって高価な遺品を買い叩いている」という現状が報じられたのです。

同紙によると、仮設住宅で亡くなった単身者の遺品を整理するために自治体が業者に依頼したところ、貴金属に二束三文の値をつけて不正な買い取りをしているというのです。自治体の担当者も業者のやり口には心を痛めているとのこと。すでにこの世にいない人の尊厳など知ったことではない、ということでしょうか。このときは私どもも同紙から取材を受け、亡くなった人のものだからという、ただそれだけの理由で買い取り値を安くごまかす業者の存在などを明かしました。

被災地の場合は身内がいないケースです。もしかしたら、「私には、買い取り金額が安かったらちゃんと文句を言ってくれる子どもがいる」などと気にされない方もいるかもしれません。しかし、査定をする人間が本当は値打ちのあるものだと分かっているのに、依頼者の無知につけ込んで安値を示してきたとしたらどうでしょう。身内がいても、安心はできません。買い取りや査定という、不明瞭な領域では、自分の利益を守るのがたいへん難しいのです。

以上、三つのトラブルをまずは簡単に紹介しました。一つ目の「金・もの・心のトラブル」については、その場で起こるものですから、業者をきちんと選び毅然とした態度で臨む、というように依頼者が自分で気をつけることができます。しかし、二つ目の不法投棄、三つ目の不正買い取りについては、依頼する側がどんなに気をつけようと止めるのは難しいでしょう。この依頼者から見えにくい部分で不正を犯す業者が何と多いことか。しかし、目に見えない不正を撲滅することこそ、当協会の使命と心得ています。そのためには、消費者の皆様にもその実態を知ってもらい、「あれっ、おかしいな。もしかしたら本に書いてあった不正ではないだろうか」と思ったときには業者に指摘をしていただいて、当協会と消費者双方から悪徳業者を牽制することが重要です。

どんな仕事をする遺品整理士が理想かをお伝えするその前に、どうしてその業者がよいのかきちんと納得していただくためにも、不法投棄と不正買い取りについて、少し詳しく説明させてください。

家庭ごみを運べる業者はどのように選ばれているか

とても残念なことですが、不法投棄されてしまう廃棄物の中に、遺品が紛れ込んでいる可能性はかなり高いと考えられます。そこには、家庭ごみにまつわる構造的な問題が絡んでいるのです。

ごみ収集所に置くような家庭ごみを、一般廃棄物と言います。それ以外の、会社などが事業活動に伴って出したごみを産業廃棄物と言います。それぞれ、収集するには許可を得なければなりません。

家庭から出る一般ごみは、自治体から許可をもらっている業者が、クリーンセンターなどといった名称の中間処理場まで持っていくことが義務づけられています。中間処理場では資源の受け渡しと燃えるごみの焼却までをして、残った灰と燃えないごみを埋立地まで運んでいきます。つまり許可をもらっている業者は、中間処理場にまで運んでいくだけなのです。ごみを運ぶだけで許可が要る、ということになります。許可がなければ、処分品を車に積み込むことすら違法になってしまうのです。

さらに、新しく遺品整理を始めたいと考えた人が一般廃棄物収集の許可申請をしても、

ごみ処理の流れ

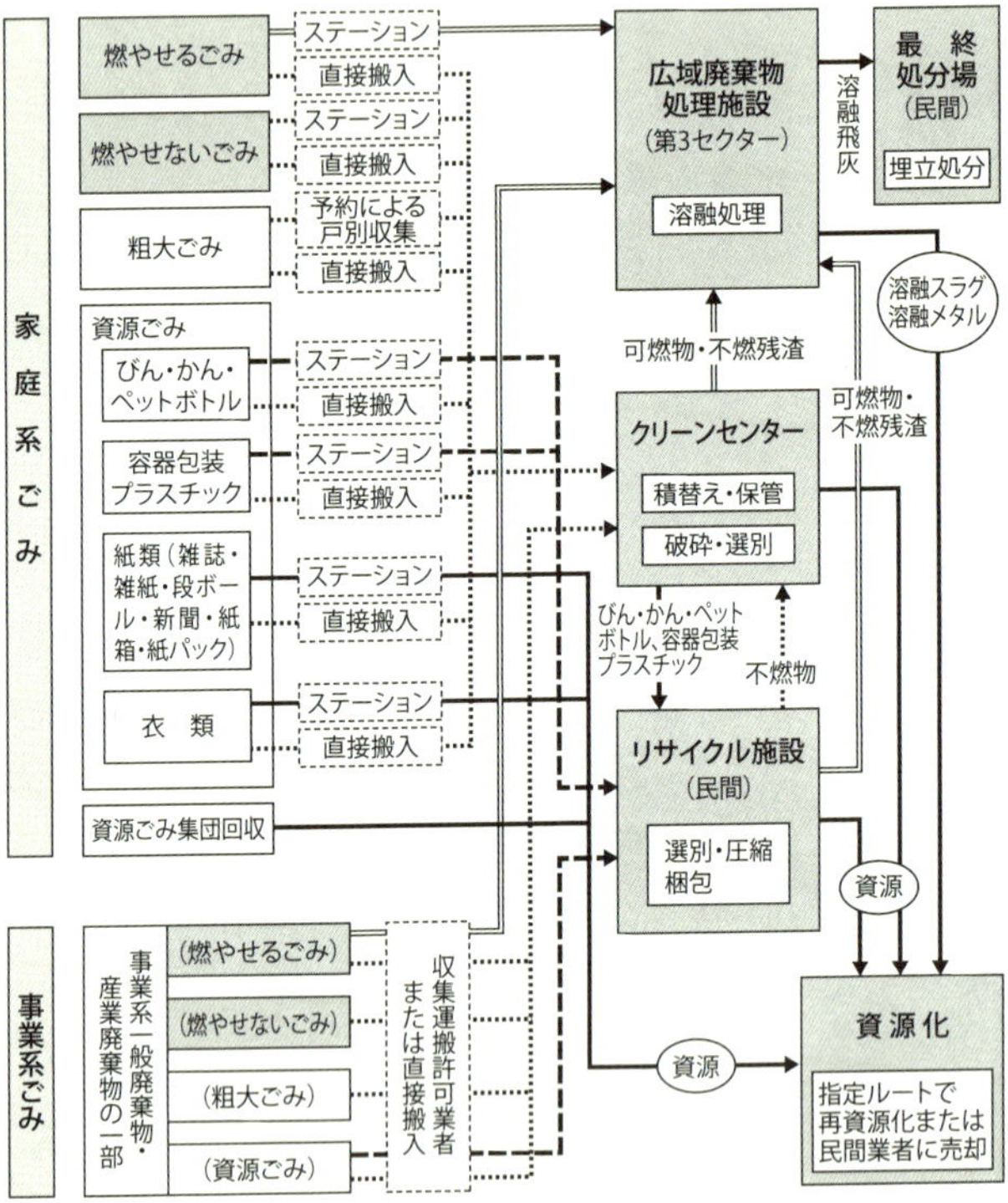

木更津市ホームページ（http://www.city.kisarazu.lg.jp/images/content/22750/20130403-105840.jpg）より作成、一部改変

なかなか新規の参入が許されない地域が少なくありません。その理由としては、すでに許可業者の数が足りていること、エコロジーやリサイクル志向により自治体が許可業者数を制限している場合があること、背後に反社会的勢力が存在するような悪質な業者ではないかなどの審査で慎重にならざるを得ないことなどが挙げられます。

許可を受けたくてもなかなか受けられない業者は、遺品整理をしても遺品の運搬を別の事業者に委託しなければなりません。つまり、家の中の整理をさせてもらうだけで、処分品は許可を持っている業者に委託しなければいけないのです。依頼者からいただくお金は、実質的には清掃料金程度になってしまいます。その引き継ぎの難しさやマージン料惜しさから、つい運搬し、不法投棄にまで至る業者がいるのです。

さらに、普段は想像もしないことかもしれませんが、家庭から出るごみの総量は年々減少しています。人口減少やリサイクル志向が主な要因です。これまで安定して収益を上げていた業者も、徐々に事業収益が減っているというのが実情かと思われます。新規参入どころか、ごみ収集の委託をもらえる業者が少なくなってきていますし、これからも減ることでしょう。

すると路頭に迷う業者が出てきて、やりくりの難しさから不法投棄をするということが今後もっと増えてくるだろうと思われます。

「不用品回収車」はなぜ怪しいか

ごみを捨てる方法がだんだん複雑になってきたことも、不法投棄の原因となっています。そこには、行政がエコな社会を目指せば目指すほど、消費者と廃棄業者に負荷がかかってしまうという問題があります。それが顕著に表れており、不法投棄の中でも目立って多いのが生活家電です。

例えばテレビは家電リサイクル法により、処分者がお金を払って家電メーカーに引き取ってもらう仕組みが採用されています。数年前、アナログが停波になったことを機に古いテレビを処分した人も多いと思いますが、アナログテレビを正しく家電小売店へ持っていけた人もいれば、買い替え時の引き取りというタイミングを逃し、持て余してしまった人もいるのではないでしょうか。

そのとき、どうやってテレビを処分しましたか。

一般回収では持っていってもらえない家電や大きな処分品が生じたとき、「不用品回収」「ゼロ円回収」をうたって巡回する軽トラックのことがついつい気になってしまうことがあると思います。ただ、こういった手法について、すでに「何だか疑わしい」というイメージを持たれている人は相当多いようです。しかし、どうして「疑わしい」のか、詳しいところは知らない人が大半ではないかと思われます。

すべての業者が問題というわけではないので見分けるのが難しいところですが、トラックで宣伝したり突然訪問して回ったりするような不用品回収業者の多くは、一般廃棄物を運ぶ許可を持っていません。わざわざ「ゼロ円回収」と無料をうたうのは、「ゼロ円という値段をつけて引き取ったのだから、受け取った品物はリサイクル価値のあるものであり、廃棄物ではない。よって廃棄物処理法は適用されない。つまり、許可がなくても回収ができる」という主張をするためです。

環境省が調査したところ、違法の不用品回収業者が回収した後には、不用品の多くがスクラップされて海外へ輸出されることが分かりました。家電製品は地球温暖化やオゾン層破壊の原因となるフロンガスや、鉛やヒ素などの有害物質を含んでいるものがあるため、適正な取り扱いをしなければ健康被害や深刻な環境汚染につながってしまいます。しかし、不法投棄をするような業者が、正しい取り扱いをするはずもありません。乱暴なスクラップの際に出る有害ガスのため、輸送船が火災になったりすることもあるようです。海外へ輸送された後も不適切な扱いを受けるため、有害物質はどんどん垂れ流しにされ、健康被害や環境破壊が懸念されています。

許可を持たない業者が引き取った家電の行方を、行政が正確に追うことはできません。家電の処分に慎重になってほしいからこその家電リサイクル法だったのですが、安く処分をしてくれる業者に消費者が流れ、不法投棄や世界的な環境破壊を助長させているという側面が出てきてしまいました。

この状況にかんがみ、二〇一二年三月、主に「ゼロ円回収」を行う業者に、環境省が徹底的な「ノー」を出しました。省庁が公開している広報物の中で、「中古品としての市場性が認められない場合（年式が古い、通電しない、破損している、リコール対象製品であるなど）、または、再使用の目的に適さない粗雑な取扱い（雨天時の幌《ほろ》なしトラックによる収集、野外保管、乱雑な積上げなど）がなされている場合は、当該使用済特定家庭用機器は廃棄物に該当すること」としたのです。また家電リサイクル法の対象品に限らず、無料や無料に近い形（一円など）で引き取った場合は、それだけでは廃棄物に該当しないという根拠にはならないとしました。

つまり回収なのか、買い取りなのかは、製品の状態や排出の状況などによって行政が判断することとなりました。次にその製品がきちんと使えるような状態でなかったり、買い手がいるとは思えないような雑な運搬や保管がなされていれば、それは廃棄物であると見なされ、違法性があると判断されます。

ただ、こういった不法投棄の現状がメディアで報じられたことで、「とにかく車を使用する不用品回収業者は疑わしい」といった漠然とした認識が人々の間に広まりつつあることも、問題と言えます。古紙やくず鉄、空きびん類、古繊維は「専《もっぱ》ら再生利用の目的となる廃棄物」（通称「専ら物」）とされ、一般廃棄物運搬処理の許可は必要ありません。廃棄物処理法が制定される一九七一年以前から専門業者が存在していたため、これらの業者を保護する目的があります。ところが一部の業者が法規制を無視した回収を行っているがために、今はあまり見かけなくなってしまったこれらの業者まで、肩身の狭い思いをしているのが現状です。

許可を持っているにもかかわらず不法投棄をする業者も

許可を持っている業者に引き取ってもらうからといって、安心することもできません。許可を持っていても不法投棄をしてしまうケースがあるのです。二〇一二年には北海道の十勝管内で、遺品整理士資格を持たない一般廃棄物収集運搬業者による不法投棄が三件発覚。全件が許可取り消しになり、倒産や廃業も起こっています。

なぜこのようなことが起こってしまうのでしょうか。それは許可をもらっても、市町村から委託を受けて家庭ごみを日常的に収集できる業者が限られていることが、理由としては考えられます。例えば十社に許可が与えられていても、市から実際に委託を受けられるのはその半分程度。許可を持っているけれど入札で敗れてしまう事業所は、比較的許可の取りやすい産業廃棄物の収集などで食いつないでいます。そういった切羽詰まった業者にとっては、自治体に支払う処分料すら惜しく、不法投棄をしてしまうという側面があるのです。

それでは市町村から実際に家庭ごみ収集の委託を受けている業者に頼めば安心かというと、そういった業者は忙しく、一般の方々からの依頼を受けづらいというのが現状です。午前中は各ごみ収集所を回らなければならないので、対応ができるのは午後三時、四時ごろから。家の中の整理から始めると、車に荷物を積み込むころには外が真っ暗になってしまいます。またごみ収集のため平日は休めないので、土日に休むところが多いのです。こうなると、遺品整理から回収までを依頼するのは無理があります。するとお客さんは、便利な方へ流れていってしまうのです。

一概には言えないことですが、新しく遺品整理を始めたような業者の中には、廃棄物についての法的知識がまったくない中で業務をしている人がいるように見受けられます。一般廃棄物収集の許可がなければ部屋の中の整理しかできず、許可を持っている業者のトラックを待って荷積みをしなければならないのです。それをいったん自社のトラックで持ち帰ってしまい、その後ろくに分別をせず、プライバシーに考慮することもなく一般ごみとして出してしまったり、分別が面倒になって不法投棄に至ってしまったり……。

「一度依頼者の手を離れてしまえば誰も見ていないだろう」という考えの業者が、確かに存在しています。

また、許可を持っていない業者が法規制に則って仕事をしようとすれば、依頼者側にも負担がかかります。遺品整理を行う業者と許可を持っている業者、両方と契約しなければならないためです。介入する業者が増える分のマージンも支払わなければなりません。このわずらわしさから、つい手続きやマージンの発生しない業者と契約してしまう依頼者がいるのは、その構造を知らなければ責められないことです。

これまで、こういった問題は野放しになっていました。業界の健全化を図るため、当協会が担っていく役割は大きいと感じています。もちろん悪事を働く業者はほんの一握りであり、大部分の業者はまじめに社会貢献をしている人たちです。しかし、こうも不法投棄の問題が多く発生する以上、正しいことをお伝えするためにこのような書き方をせざるを得ないこと、どうかご理解のうえ読み進んでいただければと思います。そして一般の方には、「捨てる」という何気ない日常行為に潜む恐ろしさを、少しでも感じ取ってほしいのです。

悩ましい状況に一筋の光が

許可を持っていなくても志のある業者もあれば、許可を得ながら法令遵守の精神を忘れてしまっている業者もある。しかもそれは、見た目だけでは分からない。いったい、どうしたらよいのでしょうか。

遺品整理はすぐそこにあるニーズなのに、法規制のおかげでなかなか手を差し伸べられない。法律をよく知る業者なら、長くそのようなもどかしさを感じていたことでしょう。

しかし二〇一三年六月、画期的な出来事が起こりました。北海道帯広市の山本金属が、遺品整理業務限定の一般廃棄物収集運搬許可を得たのです。申請書には、当協会の遺品整理士の「認定証書」と推薦状を添えていました。

詳しくは遺品整理、不用品整理、引っ越しごみといった、日常的に排出されるごみ以外の、一時的に大量に発生する家庭ごみを収集運搬する許可です。物流関係の新聞ではトップニュースとなり、それからは同じように当協会の推薦状を持って、北海道、青森、山形で複数事例が認可の運びとなりました。

まず帯広市で許可が下りた理由としては、無認可業者への警鐘の意味合いも大きかったようです。北海道は土地が広い。国有林であれば一般の人はまず入らないので、不用品が不法投棄されてからそれが見つかるまで何年もかかった、という話がざらにあります。そこへ加えて、この高齢化です。これから遺品整理の需要が大きくなると、許可を与えている業者だけではどうにもならなくなるのではないか。不法投棄がこれ以上増えるのは困る。行政側はそのように考え、許可を与えることによってその重要性を知らしめ、無認可業者にストップをかけたと考えられます。

ともあれ、この仕組みが一般化すれば、利用者は同じ事業者から一貫したサービスを受けられ、遺品の不法投棄から守られる契機となることでしょう。

回収と買い取りの間の一線を越えてしまう業者

依頼者が防ぎきれないもう一つのトラブル、不正買い取りについて説明しましょう。

中古品を、生業《なりわい》として売買・交換する業者や個人を「古物商」と言います。廃棄物として引き取るのではなく、リサイクルや転売目的で買い取りを行うのであれば、古物商許可が必要です。許可を受けると、許可番号が明記された手帳型の許可証が公布されます。古物商は、各々がその番号を店頭の許可票に掲げて営業を行っています。

この許可を受けずに買い取りをしてしまうことはもちろん違法ですが、悪意のあるなしにかかわらず、不正を犯してしまう業者がいます。もしかしたら、まったく悪びれずに不正を行ってしまうということの方が、問題の根は深いかもしれません。

例えば、一般廃棄物運搬の許可を取得している業者が、廃棄物として預かったものの中からまだ使えるものを見つけたとします。「お客様から不用品として預かったのだから、もうこれは自分たちのものとして、値のつくものは売ってしまってもいいだろう」という判断が、なぜかなされてしまう。もちろん、名実ともに自分のものであればリサイクルショップに売るのは自由です。しかし、これは遺族からの預かりものの転売です。リサイクル品と見なしたのであれば適正価格での買い取りが必須ですし、もちろん古物商許可証が必要です。

もしかしたら「もう自分にとっては必要ないものだということで処分をお願いしたのだし、そのくらいはいいのではないか」と思われる方もいるかもしれません。しかし、「処分してください」と言われたものは、「あなたにあげます」と贈与を受けたわけではありません。その区別がつかずに売ってしまうということは、預かったものを自分のものにしてしまうということです。横領と言っても過言ではないでしょう。このような、自分のものと他人のものとの区別もついていないような業者が存在するのです。

古物商の資格がなく、買い取りができないのにもかかわらず、依頼者から「無料でも何でもいいから、とにかく全部預かってほしい」と頼み込まれ、とりあえず倉庫まで持ってきてしまう。後で知り合いの査定士に倉庫まで来てもらって、改めて鑑定を受け、売れるものは持ち帰ってもらう。そうして得た買い取り金を、依頼者へ還元すればよいのでしょうが、無料でいいと言われたし精算は済んでいるから、ということですべて懐へ入れてしまう……。この一連の動きには、自分が法律に則った仕事をしているかどうかという考慮がまったくありません。

悲しいことに、特に古くからの業者の中には、呼吸をするように自然にこのような行為を働く人がいます。処分品として有償で引き取ったものを、他業者に買い取ってもらう業者すらいるのです。この場合、依頼者からも買い手からもお金を受け取ることになってしまいます。

もちろん許可を持っていてもこのような判断をしてしまう業者がいることを考えれば、回収・買い取りを含めた業界全体の病と言っていいことかもしれません。

無知ゆえに安価で買い取る業者は善か悪か

正しい評価基準によらない買い取りも、悪意のあるなしにかかわらず発生します。先ほど示した古物商の資格そのものは、煩雑ではありますが公的書類を提出するだけで取得できてしまいます。つまり、目利きの業者もいればまったく知識のない業者もいるのが現実です。

ここに数百万円の価値を持つ壺があるとします。その価値が分かっているにもかかわらず、五千円で引き取る業者と、まったく価値を判断できずに五千円で引き取る業者、どちらが悪い業者でしょうか。

前者はもちろん悪徳、実際のところ詐欺とほとんど同じと言えます。しかし後者も、プロの査定士としての責任を果たしていない点では許されません。依頼者に還元されるべき利益をお戻しすることができていないのは、どちらも同じです。

「遺品の値段はつけにくい」とよく言われますが、本来の価値より低い値段で査定が行われ、売買されることはあってはなりません。買い取り金額のつけ方は人それぞれです。しかし無知につけ込んで不当な金額で買い取るのは詐欺に近い問題行為と言えるでしょう。評価額の根拠を言うことができなければ、詐欺と言われてしまってもしょうがない。そのシビアさを知らなければ、古物商を名乗る実質的な資格はありません。

価値あるものもまとめて一山いくらで買い取る悪徳業者

また多く見られるのが、遺品を一山いくらで買い取る手法です。あまり知られていませんが、不正の可能性がとても高い行為です。

古物商には買い取り時に実施しなければならないことがあります。買い取り依頼人の身元確認と、帳簿などへの記録です。原則として、一回の買い取り総額が一万円以下の場合はその限りではありません。しかし、ゲームソフト、映画や音楽を記録したＣＤやＤＶＤ、書籍、自転車、原付き自転車に関しては、一万円を超えなくても個別に記録する義務があります。

ですから、品物を詳しく見もせずに「一括いくらでいかがでしょうか」と提案するような業者は怪しいと言っていいでしょう。古物商としての義務を、もはや果たす気がないのでしょうから。あるいはすでに高額になると目をつけている品物があるのに、説明責任を逃れるために「一山いくら」とごまかしているのかもしれません。

後日、その不正に身内の誰かが気づいたとしても、取り戻すのはとても難しいこと。購買の申し込みをした後で無条件にキャンセルできる「クーリング・オフ」制度は、主に訪問買い取りについて適用され、八日以内であれば契約を破棄し、売った品々を取り戻すことができますが、遺品整理の業務と一緒に買い取りを頼んでしまうと、該当になりません。特定商取引法では、自らが依頼し来訪した業者の買い取りについては、クーリング・オフは適用外となると明記もされています。

またこの場合、通常の不用品であれば、まだ傷は小さいかもしれません。しかし遺品は故人のもの。持ち主が生きていたら、まだまだ使っていただろうものたちです。持ち主への敬意があれば、物品について正しい価値評価のもと、襟《えり》を正して査定する。自分に知識のない場合は、しかるべき査定士にお願いする。そういう判断ができるはずではないでしょうか。

見えない不正から依頼者を守る「遺品整理士」と「遺品査定士」

昔から確かに存在していた遺品の回収業。最近になって「遺品整理」という言葉が生まれ、専門で仕事をするような業者が増えても、業界全体でコンプライアンスを遵守していこうという動きは、なぜか一切ありませんでした。どうしてなのかは分かりませんが、当協会ができた以上は、不法投棄と不正買い取り、この見えにくいトラブルから消費者を守らなければなりません。

遺品整理士認定協会の講座は、通信制です。遺品整理に関しての基礎知識や実務を行っていくうえでの留意点、心構え、関連する法規制について学ぶ教本と、法律や社会学など各専門の方々のお話や実際の実務をとらえたＤＶＤを取り寄せてもらいます。さらに、詳しい法律についての説明や関連する社会問題をより詳しくまとめた資料集もついています。

これらを二ヶ月の受講期間内でじっくり読んでもらい、最後に教本や資料集、ＤＶＤ教材で学習してもらった内容を、まとめて整理してもらうための問題集に取り組んでいただきます。

　仕上げとして、解答内容をレポートの形にまとめ当協会に提出してもらい、課題に合格した人だけが遺品整理士として認定を受けることができます。合格率は七〇%程度。実務の知識だけではなく、命の尊さ、遺品を扱うことの大切さを理解できなければ合格できない資格です。中には三回受けても受からないという人もおり、そのような業者からは「何回受けても落ちてしまう。いったい、どうなっているのか」などという荒っぽい電話を受けることもありますが、レポートを慎重に評価しての結果なのです。遺品整理士の精神が理解できない人は、きっと何度受けても落ちてしまうことでしょう。

　また、特に買い取りのトラブルから依頼者を守るために、査定の知識をつけることに特化した「遺品査定士養成講座」も開講しています。真心と法知識を兼ね備えた遺品整理士でも、査定の知識がなければ詐取に気づかないかもしれません。せっかく業務に携わるのなら、依頼者と故人の尊厳を最初から最後までお守りしたい。そう考える遺品整理士のための資格です。

　遺品査定士養成講座も、二ヶ月の通信講座の後に問題集を解いてレポートを提出してもらう形式です。認定されることにより、査定士は適正な査定基準とモラルを持って遺品整理を行うとともに、遺品の査定についての正しい理解を世の中へ広める活動をする義務を負います。遺品の買い取りに特化した専門家を養成するのは、日本でただ一つ、この講座だけです。

同様に、「事件現場特殊清掃士」の資格もあります。遺品整理士を目指す方々からのニーズに応える形で生まれた資格で、すでに一般廃棄物処理の許可を得ている人々からも人気が高いものです。

遺品整理の依頼のうち、何割かが孤独死の現場となります。依頼者側である遺族は、最初から「孤独死をしました」「ごみ屋敷です」などとは言えない場合もあります。「ちょっと、荷物が多くて……」といった言い方をします。そのような形で依頼を受け、いざ行ってみると凄惨な現場にいきなり立たされてしまう。そんなとき、「私には無理です」と逃げ出すのではなく、困っている遺族のために何かをやってあげたいという業者が多いのです。感染症のリスクもさることながら、濃度の高い薬品を使わなければならないことも少なくありません。この資格によって、消臭・消毒技術と知識を獲得することができます。

遺品整理士養成講座では、法規制の知識をつけると同時に「遺族になり代わって遺品整理をするとはどういうことか」を学びます。

遺品査定士養成講座では、古物商についての法的知識と、遺族の思いをくみ取りながら査定をするとはどういうことかを学びます。

事件現場特殊清掃士養成講座では、凄惨な現場でも臆することなく、薬品を正しく使って遺族と自分の身を守るすべを学びます。

三つの講座を受ければ、ワンストップで真心のこもったサービスをすることが学べます。依頼者が遺品整理の最初から最後までを安心して任せることができる業者が育成されるのです。

全国組織・第三者機関としての当協会

遺品整理がこれほどまでに求められるようになった以上は、一定の品質を保ったサービスの確立が必須です。そのためには全国規模の団体が、その品質を提示しなければなりません。そしてときには、遺品整理限定の一般廃棄物収集許可を獲得したときのように、業務の健全化を目的とした法規制の緩和について、一つの組織として行政に働きかけなければなりません。これは一企業ではできないことです。

最近は多数のメディアに掲載され、当協会の認知度が高まったこともあり、一般の方からの相談が徐々に増えてきています。「お金は多少かかっても構わないから、ちゃんとした親切な人に来てほしい」という相談がとても多いのです。ご紹介をした後は、お客さんに「いかがでしたか」と電話をかけるようにしています。業者さんには直接言えないような苦情も、私たちには言っていただけることがあるからです。お電話の他にアンケートも実施し、第三者機関としての役割を担いつつあります。

こうして、思いやりあふれる正しい業務を行う遺品整理業者と、悲嘆に暮れる遺族との架け橋となるべく、私たち遺品整理士認定協会は誕生しました。次の章では、具体的な業務内容に触れ、プロによる遺品整理の仕事をお目にかけましょう。さらに、皆さんの手もとに残らない遺品がどうなってゆくのかについても、クローズアップしていきたいと思います。

第二章　遺品整理士の正しい仕事

実際の仕事ぶりから

これまで見てきたとおり、遺品整理は、遺族にとってはただ故人が生前使っていたものを整理するだけのことながら、それを取り巻く環境には様々な落とし穴が用意されています。法律の落とし穴、悪意の落とし穴、そして悲しみの落とし穴……。遺品整理士の仕事は、遺族がその落とし穴にはまらないよう、お守りすることです。

当協会には、「遺品整理士　魂の四原則」があります。

一、遺品整理士は、ご遺族の方に真の思いやりと心からの親切を第一とする。
一、遺品整理士は、身だしなみや清潔感を第一とする。（服装、頭髪、頭髪の色など）
一、遺品整理士は、故人に敬意を持って、作業する。

・お仏壇がある場合は、必ず手を合わせる。
・故人に感謝されるよう、仕事を行う。
一、遺品整理士は、故人の遺品を自身の家族のもののように扱い、ご遺族や地域社会への奉仕の心を忘れない。

遺品整理の基礎となるのは、「遺族は自分たちでやりたいのにできない状況にある。だから遺族の代わりに、イコール遺族のつもりになって遺品整理に臨まなければならない」という信念です。遺族への思いやりと共感が、この四原則に込められています。

ここからは、単なる不用品回収などとは一線を画した、プロ中のプロの仕事をご紹介しましょう。整理業としか思っていない方も多いため、実際の仕事について細かく説明すると「遺品整理士というのはここまでするのか」と驚かれることもしばしばです。

まずは当協会が理想としている遺品整理士の姿を具体的に理解していただくため、お手本となる仕事の進め方として、ある遺品整理士の二日間を覗いてみてください。

ある遺品整理士の土日

金曜日の夕方、お客様から見積もり依頼があった。受話器から聞こえる声から察するに、おそらく五十代くらいの女性だ。お父様を亡くされてから長く一人暮らしをしていたお母様が、一ヶ月前に亡くなったとのこと。お母様を亡くされてまだ日が浅い。**さぞお寂しいことと思い、まずはお悔やみ申し上げた。**

一人娘の依頼主、Aさん。お母様の住まいは賃貸なのであまり長く借りるわけにもいかず、少し前から休日を利用し、車で一時間かけて通って整理をしているが、思い出がありすぎてなかなか進まない。家財を女一人で運び出すこともできず途方に暮れ、インターネットを通して弊社を知ってくださったとのこと。明日の土曜に早速お見積もりに行く旨を申し上げた。**女性お一人とのことで、武骨な男一人を家に上げて話をするのは落ち着かないであろうと思い、弊社唯一の女性社員を一緒に連れていくことにした。**

土曜日、**女性社員に身だしなみをチェックしてもらいながらAさんのもとへ。**ご霊前へごあいさつした後に詳しくお話を聞くと、相見積もりを取っているという。午前中に訪れた他の業者からは3LDKで八十万円と言われた、とおっしゃった。部屋はあらかたAさんの手によって片づけられていて、弊社であれば三十万円程度であると告げるとたいへん驚いていらっしゃった。しかし私は驚かない。よくある話だ。

女性社員が部屋を隅々までチェックし、その項目をもとに私が詳細な見積もりを叩き出し、さらに買い取り可能な遺品を査定した分を差し引けば、ご負担がかなり少なくなることを告げると、Aさんはすっかり安心されたようで、即決となった。そうとなれば早い方がいい、この土日で片づけられないだろうかと相談を受ける。いつも一緒に仕事をしている、信頼できる査定士に連絡を取り、日曜午後に来てもらうことにした。ハウスクリーニングなどは大家さんと相談済みであることを確認した。土曜日の今日は手放すものと残すものに分け、そして手放すもののうち、さらに供養品を選り分ける作業を三人で行うことに決めた。

Aさんはものにまつわる思い出話をしながら、次々と仕分けをしていく。処分をためらっていた思い出の品も、私たちに話をした後は未練を見せずに供養品の箱へそっと納めるのが印象的だった。その中で、やはり残しておきたいと思うものも当然あるようだったが、お邪魔したときよりも格段と少なくなっていた。作業は暗くなるまで続けられた。

日曜日、私は女性社員と助っ人の社員二人を引き連れ、朝早くからAさんのもとを訪れた。午前中で選別はあらかた終了し、午後からは査定と積み込みに時間を割くことができた。**査定士によって割り出されたバッグや宝石類の買い取り価格は十万円。これに部屋の**

様々なところから出てきた現金十万円を合わせると二十万円が差し引かれ、負担額は十万円となった。Ａさんはたいへん喜ばれ、「お金のこともそうですが、あなたたちと母の思い出話をすることができて、本当に楽しかった。思い出を共有してくれてありがとう」とお礼を言われた。その言葉こそが、何よりうれしい報酬だった。

以上が、手本となるべき遺品整理士の仕事ぶりです。業務の内容そのものというよりは、依頼者に対する心配りのありようが、引っ越しや不用品回収とはまったく違うことがお分かりいただけたかと思います。特に遺品整理士の仕事上のポイントとなるところを、太字で表してみました。

この例のポイントとなるのは、まずはお悔やみの言葉があることです。そして男性だけが伺うのでは怖いだろうという気遣いと、第三者による身だしなみチェック。どれも遺族の立場に立ち、その気持ちをくみ取るからこそできる行動です。こういった心配りがあってはじめて遺族が心を開き、仕分け作業をしているときのコミュニケーションにもつながっていきます。特に遺品整理の場合は、依頼者との気持ちのすれ違いや先入観で取り返しのつかないものを処分してしまうということが起こりがち。遺族が心を閉ざしてしまうような要素を排除することが、まずは必要なのです。

また、お仕事をさせていただく以上は、心のケアだけでは足りません。お金についてきちんと説明ができるのが本当のプロであり、それは遺族の満足にも直結してきます。ここでは、見積もりの詳細をしっかり伝えたうえで、手放す遺品の中に価値のあるものが紛れていることに気づき、査定のことまで提案できています。リサイクルは遺族の財布の負担を減らしますが、心の負担も減らすものです。愛する人が使っていた品物がまた誰かの役に立つと思えば、手放すときの心の痛みも軽くなります。

この例は非常にシンプルに手本となる遺品整理士の仕事を示していますが、次からは当協会の会員である遺品整理士たちの、実際の仕事ぶりをご紹介していきます。経験を積んでいるからこそできる心配りや工夫にあふれていて、私たちも唸《うな》らされることがしばしばです。

チラシの裏にこそ本心を書く人がいる

依頼主のBさんは、五十代の男性。一人暮らしをしていたお父様が亡くなって二ヶ月がたち、そろそろ片づけなければと重い腰を上げた。いったんは弟さんと一緒に広い一軒家を整理しようとしたが、二人ともちょっと手をつけただけで「業者に頼もう」という話になったらしい。家の状態を見れば、それは当然のこととも思えた。自宅で転倒骨折して入院するまでの間、お父様は実に二十年、お一人暮らしをされていたのだ。家は雑多なものであふれ、遺族だけではとうてい、分別作業ができないような状態になっていた。

「何度一緒に暮らそうと言ったか分からない。頑として受けつけなかった結果が、こうですよ」と、Bさんは言いわけするように私に告げた。**「遺品整理として作業するからには、引っ越しとはわけが違います。丁寧に見たいので三日ほど時間をください」**と申し出ると、時間をかける代わりに土地の権利書を探し出してほしいと頼まれた。仏壇や寝室の引き出し、金庫など心当たりのあるところを洗い出してみたものの、見つからなかったという。

権利書は一日目、弟さん立ち会いのもとであっさり見つかった。蔵書家であったお父様の書斎の、一冊の本にそれは挟まっていた。一冊だけジャンルが周りのものと違うことに気づき、違和感を覚えてその本を調べたら出てきたのだ。今まで、こんな調子で**依頼されたものは一〇〇%見つけている。**

目当てのものが見つかったのであとは最速で仕上げてほしいと言われたが、廃棄物業者が次の日には来られないという事情もあり、予定どおりの日数で作業が行われることになった。私は様々なものに埋もれたキッチンの長テーブルに取りかかった。チラシが無造作に積まれ、その下にはコップや割り箸、醬油さし、ペン、鉛筆、消しゴム、虫取り網、入れ歯洗浄剤、薬箱……とにかく生活に使うあらゆるものが凝縮されていた。主にここで日常生活を送っていたのだろう。

積まれたチラシから少し外れたところに黄色いチラシが一枚だけあった。何気なくめくってみると、故人の走り書きと思われるメモが見つかった。「Bと一緒に暮らした場合」とあり、その下に「毎月入れる金額　〇〇万円」「孫にお小遣い　毎月必要?」などと書かれていた。

ほとんどの遺族は、遺品整理士に依頼をするまで自分たちだけで整理しようと試みています。それに挫折して依頼するわけですから、遺品は大事な人が使っていたものという感覚がマヒし、自分の自由を奪う重荷であると感じ始めている方が多いのです。すると「一刻も早く、きれいにしてほしい」という言い方になってしまうのですが、遺品整理士はその感覚にストップをかけなければなりません。どんなに印象が変わってしまっても、大事な人の遺品であることに変わりないのですから。

だからお客様のご要望にすべて応えるのが理想の遺品整理士であっても、譲れないことはあります。遺族に一日でやってほしいと言われても、せめて二日、できれば三日などと粘るのは、何より、後の遺族の心を守るためなのです。

そして必ず頼まれる、通帳、印鑑、保険証書、土地の権利書などといった貴重品探し。これらを見つけられなかったという遺品整理士の話は聞いたことがありません。「今までに一〇〇%見つけている」と胸を張る方が多いのです。そう、遺品整理士なら遺族にも見つけられなかった大事なものを見つけ出すことができます。

そして思いもかけないものを見つけ出すことができるというのも、また事実です。押し入れの奥から一千万円を超える現金が出てきたなどというドラマのような話も、現実にあることです。特に女性が住んでいたお部屋からは九割がた現金が出てきます。額縁の裏や、たんすの中に新聞紙を一枚挟み、その下に隠されていたりするのです。熟練の遺品整理士になると、へそくりがどのあたりに隠されているかはだいたい分かると言います。そのポイントをあまり周囲に言いふらすと、その知恵を使って空き巣などを働く輩《やから》が増えるかもしれないから口を慎《つつし》むようにしている、などと笑って話されます。

またこのエピソードのように、思いもかけない故人の本音を見つけることも日常茶飯事です。きちんと封書にされた手紙には、もちろん書き手の気持ちが詰まっていることと思います。しかしチラシの裏に殴り書きのように書かれた言葉にこそ、真実があるように思えてなりません。

このエピソードのお父様にとって、Bさんと一緒に暮らすことについて想像をめぐらすのが楽しいひとときとなっていたことが、大いに想像されます。もしかして、Bさんがもう一押ししていたら、しぶしぶと、しかし内心は喜んで孫と一緒に過ごす老後を選んでいたかもしれない。

もしも、を考えるのは遺族にとって辛いことですが、お父様が決して同居を嫌がっているわけではなかったと知ったことで、Bさんや弟さんの心も、少し和らいだのではないでしょうか。

次の事例は、女性の遺品整理士のエピソードです。

遺族に見せられないものもある

このたびの依頼主、Cさんは、五十歳にして突然伴侶《はんりょ》を亡くされてしまった男性。奥様のものがまだたくさん残っているお部屋でCさんの思い出話を聞いていると、**男女の違い**

はあるが、Cさんと年齢も近い自分が夫を亡くしたらと考え、とても切なくなってしまった。見積もりの際、仕事の話自体は三十分で済んだが、お話を聞いていたら、退出するときには二時間を過ぎていた。

私はただお話を聞いていただけなのに、Cさんは打ち解けてくれたご様子。会話をしながら整理を進めていくと、奥様が大事にしてきたであろうものが次々に出てきて、それを手渡すたびにCさんは感動され、また数々の思い出話をしてくださるのだった。

次々に整理を進めていくと、押し入れの奥に手紙を見つけた。忘れ去られているというよりも、奥深くに大事にしまわれているという感じにピンと来た。差出人は男性だ。Cさんではない。一瞬だけ、文面を拝読した。親族からの手紙でもない。いつ書かれたものかまでは分からなかったが、**Cさんには見せない方がよいだろうと思われた。他の不用品に挟み込んで何気なく搬出し、そっと処分箱に入れた。**

このエピソードのポイントは二つ。一つは、遺品整理にはカウンセリング的な要素が伴うということです。遺品整理には二つの側面があります。ものの整理と心の整理です。遺族は次々に出てくる遺品の背後に、思い出を見ていきます。その遺品とさよならするということは、思い出を自分の心の中だけに引き受けるということ。ものと心、どちらの整理も同じくらい大切です。

特に心の整理のお手伝いをするためには、共感能力が欠かせません。つまり、遺品整理士にはカウンセラー的な能力も必要であるということです。とは言え、プロのカウンセラーである必要はありません。遺族の立場に立つ、その人の身になることを第一に考えれば当たり前にできることではないでしょうか。当協会の会員の中でも、特にお客様から評価が高い業者は、この共感能力が高い傾向にあります。

二つ目のポイントは、遺品整理士には遺族にも見せずに処分すべきと判断しなければならない場合があるということです。特に故人が男性の場合は、いかがわしいものが多数出てくる可能性があります。「うちのお父さんに限って、そんな」と言われるかもしれませんが、どのような人であっても、その可能性は消せません。とてもまじめなイメージの男性だったのに、自作の官能小説のようなものが大量に出てきたといった事例も報告されています。

単にいかがわしいものであればまだよいのです。何十年も積み上げてきた家族との信頼関係が、一瞬のうちに崩れ去ってしまうようなものが発見されると、事態は深刻です。例えば浮気の証拠品になってしまうような手紙類や、きわどい写真など。生きているうちであれば話し合いの余地もありますが、故人には名誉を挽回するチャンスが残されていません。遺族の「なぜ、こんなことを」という悲痛な心の叫びも、一方通行のまま。誰の得にもなりはしません。ただ、そこまで重要なものの場合は、かえって遺族に知らせるべきという意見もあるでしょう。その見極めも含め、最後の判断を遺品整理士は迫られることになります。

このように、見つけたものが故人のイメージを一変させてしまう恐れがあるときは、遺族の思い出と故人の尊厳を守るために、秘密を自分だけの胸の内にそっと留め置く勇気が必要です。かなり徹底している例としては、現場にシュレッダーを持ち込むという業者もあるほどです。

心のケアと細やかな気配り。この二点においては特に、女性の方がその能力に長《た》けているとも言われます。男性よりも体力的には劣るため、遺品整理の現場では女性の活躍する余地はないのではないかと思われがちですが、遺族と接するときの物腰の柔らかさや細やかな気配りについては、どうしても男性にはかなわないところがあります。そもそも整理整頓や清掃が得意なのも、一般的には女性の方です。

男性がたった一人で仕事を回していることも多い業界ではありますが、特に故人が女性で、男性に部屋の中のものを任せるのは気乗りがしないといったときなどは「女性社員はいますか」と訊いてみるのも手でしょう。現に、女性に安心してもらえるよう、女性社員だけの部隊を作っている会社もあります。依頼があると、部屋にお邪魔することになるのは女性社員だけ。男性社員は玄関先で待機し、家財や梱包が済んだものを車まで運ぶ手伝いに回ります。

アルバムは情報の宝庫

お客さんの家へ伺ったら、アルバムを見せてもらうことにしている。ただ故人の顔を頭に叩き込んでおきたいからではない。故人がどんなことを大事にしていて、どんな人と交流があったのかを見極めるためで、**写真を見ているというよりは情報を受け取っていると**言った方がいいかもしれない。だから写真に写っているのはどんな場面なのか、故人は何を持っているのか、一緒に写っている人はどんな人なのかまで、じっくり見る。**ごみ屋敷化した家からいかに思い出の品を取り出すかは、故人の情報をどれだけ仕入れられるかにかかっているといっても過言ではない。**

ある日のこと、ごみ屋敷化していた一軒家の遺品整理に伺った。家の持ち主である女性のアルバムを見せてもらっていると、若いころの写真ばかりで、最近のものは孫が生まれたときに撮影した数枚きり。少なくともアルバム内では、およそ十五年間の空白があった。今回の依頼主である一人娘のDさんが遠くに嫁いでから、疎遠になってしまったに違いない。無秩序に積まれた日用品の数々が、十五年間の孤独を物語っていた。

アルバムを見て情報を入手する遺品整理士

台所の戸棚に手をかけた。「そのあたりは消耗品でしょうから、取っておくものはないと思いますよ」とDさんから声をかけられたが、引き出しを開けたとたん目に飛び込んできた、古ぼけた巾着《きんちゃく》袋の柄に見覚えがあり、「Dさん、こちらは」と声をかけた。するとDさんの顔がパッと輝いた。「それ、懐かしい!」

小学校から中学校にかけてDさんがずっと大事に使っていた巾着袋だという。印象的なヒマワリ柄のそれが、古いアルバムにちょくちょく出てきたので覚えていたのだった。アルバムをじっくり見る時間がなかったら、きっと見逃してしまっていたことだろう。

Dさんは「気づかず捨ててしまうところでした。お母さん、取っておいてくれたんですね」と、少ししんみりされた。そこから先の作業は、心なしか幼き日の思い出を取り戻すように、一つ一つ遺品を手に取り、丁寧に吟味されているように思われた。はじめ、遺品用の段ボールを用意しますと言ったときには、「分かりました。でも、一つもいっぱいにならないと思いますよ」と言われていたが、最終的には三つの段ボールいっぱいに詰められた遺品を、Dさん宅にお送りすることになった。

このエピソードのポイントは、ごみ屋敷化した家からでも故人が大事にしていたものを特定できるのが遺品整理士であるということです。「ごみ屋敷」と言ってしまうと、そこに散乱しているものはすべてごみであるかのように聞こえますが、故人にとってそれらは、ごみではなかったものたちです。その中でも、何が一番重要なのか。優秀な遺品整理士は、アルバムの中にある故人の面影からその情報をつかみます。

それに、足の踏み場もないほどの状態だったとしても、片づけていけば底の方にはごみ屋敷ではなかったころの暮らしぶりが現れるものです。ですから、「発掘作業」とでも言いますか、遺品整理士はものが積まれた状態の表面から、一つずつさらうようにして整理を進めます。一センチ減り、二センチ減り、部屋全体の床がところどころ見えるころになると、故人の本当の生活の姿が見えてくるのです。

例えばそこに硯《すずり》や数々の筆、様々な種類と大きさの和紙が散らばっていたとしたら、お元気なころは書道をたしなまれていたと分かります。作品がどこかに眠っているはずです。探し出すことができれば、遺族にとって大事な形見となり得ます。「ここで寂しい生活を送っていた」という、ごみ屋敷に対する暗いイメージが、「趣味に没頭していた幸せなときもあった」と遺族が理解することで救われることがあるのです。

このように、どんな小さなものでも侮らずにじっくりと見つめ、故人の情報を受け取っていけば、遺族が大事なものを失わずに済みます。それを見極めることができるのも、熟練の遺品整理士ならではと思います。

遺族の心理の変化を先取りする

一人暮らしのお父様と電話がつながらず心配になり、駆けつけたEさん。小さなアパートの玄関先で目にしたのは、たくさんのハエ。そして心なしか、嫌な臭いがするのを感じた。ドアを開けた瞬間、その臭いはさらに強まり、床にお父様が倒れているのを発見したのだという。

依頼があったとき、部屋にはまだ異臭が残り、Eさんは長くはいられないと部屋から出てしまった。**立ち会いなしとのことなので、ビデオカメラを設置しオンラインでつないだ。整理していると、テレビボードの下などに忘れられたかのような現金が次々に出てきて、合計で五万円程度になった。もちろんまとめてEさんに報告し、振り込み額から引いてもらう。**

他に、Eさんにあてたであろう手紙、写真の束など思い出の品が、小さめの段ボール一箱分にもなった。Eさんに仕事が完了したことを電話でご報告し、「段ボールをお送りしましょうか」と告げると「いや、必要ありません。もう、すべて捨ててください」と言われた。その声には、拒絶と寂しさが漂っていた。

二週間が過ぎ、Eさんも少し落ち着いたころかもしれないと思い、お電話した。あのときの段ボールを、実は今でも倉庫に取ってある。お送りするか処分するか、とお聞きしたところ、「まだ取っておいてくれたんですか。ありがとうございます。ぜひ送ってください」と言われた。Eさんのご自宅へお送りしたところ、後日お礼のお電話をいただいた。たいへん明るい声で、懐かしいものがたくさん入っていたとおっしゃり、中に入っていた遺品を家のどのあたりで見つけたかなどのお話を、しばらくさせていただいた。何度もお礼を言われ、こちらもEさんが思い出を受け止められたことにたいへんうれしい気持ちになり、受話器を置いた。

年々増えていると言われる孤独死の現場でも、遺品整理士は遺品の一つ一つを故人が愛用していたものとして大切に整理します。しかしその熱意とは裏腹に、遺族は遺品から心が離れていることがほとんど。孤独死をさせてしまったという後悔や悲しみのあまり、またた生前のつき合いの薄さや疎遠により、「とにかくすべてを処分してほしい」という気持ちになってしまっていることが多いのです。遺品の重要性に気づいてもらいたいという思いもさることながら、貴重なものを見逃してしまっては故人にも遺族にも申しわけが立たないという責任感から、よい遺品整理士はそこで知恵を絞ります。

このエピソードのポイントは二つ。一つ目は、立ち会いがない現場でも透明性を保つための工夫をする業者がいるということです。どんなに洗いざらい探したつもりでいても、遺族でも気づかない現金は必ず出てきますが、遺品整理士はそんな中でも決して懐には入れません。当たり前のことに思えるかもしれませんが、人の意志というものは、誰も見ていないところでは揺らいでしまうようなのです。「立ち会いがない中で作業をしていて、忘れ去られたかのように現金が置いてあるという状況になると、いつもドキリとさせられる。毎回、自分の良心が試されていると感じている」と証言をする遺品整理士が実は少なくありません。

そんなときは、いつでもどこでも「故人はすぐそばで見ている」と、その存在を感じられるかどうかがカギとなってきます。お分かりになっていただけると思いますが、これは決して、超常現象の類の話ではありません。「神様はご存じだ」あるいは「誰も見ていなくても、太陽や月がその所業を見ている」といった戒めと、同じことです。

自分の心の弱い部分に打ち勝つのはもちろんですが、依頼者に心配をかけさせないよう、またあらぬ疑いをかけられてしまうことがないよう、経験を積んだ遺品整理士であれば何らかの対策を立てています。整理前と整理後の写真を撮影することは基本ですし、こちらの例のようにビデオカメラで記録まですればカンペキです。

二つ目のポイントは、遺族の精神状態に合わせた対応ができているということです。特に孤独死などで遺族が悲しみのあまり心の余裕がない場合は、その時点では残すべきものの判断がつかないかもしれません。しかし、落ち着いたころに見ると懐かしさがあふれてきて残しておこうという気持ちになるようです。

そのときのために遺品整理士自身が判断して、段ボールに詰めた遺品を倉庫に保管しておき、遺族が落ち着いたころに意志を確かめ、贈りもののように送る業者がいるのです。スペースの問題もあるため実行している業者は少ないのが現状ですが、遺族の後の心の動きにまで気を配る業者が存在するということに注目してほしいと思います。

遺品整理のその後——供養される遺品たち

ここまで、遺品整理士がどのように心を尽くして仕事をするかをご紹介してきました。ここからは、手放した遺品がどうなってゆくのかについて説明していきましょう。

遺品整理士が心を込めて整理をし、思い出の品を遺族に渡したその後に残るものたち。膨大な量となるこれらが、心ない業者によって打ち捨てられてしまっては、元も子もありません。そのため遺品整理士には一般廃棄物処理の許可を得、遺品と故人の尊厳を最後まで守り抜くよう勧めていますが、前章に示したとおり新しく許可を得ることが難しい地域がたくさんあります。その場合は、特に信頼のおける処理業者に引き継ぎ、できる限り遺品の行方を見届けたり、確認をしたりするようにしています。

手放す遺品の中でも、レッカー車に乗せる前にすべきことのあるものがあります。人形や写真、遺影、仏壇、神棚など、故人の魂の部分にかかわる遺品や宗教にまつわるもの、だいぶ迷われた末に手放すことを決めた形見の品などは、供養をしておくことを遺族に勧めています。いわゆる「物供養」です。

まとめて人形供養をしてくれるお寺に、ぬいぐるみや日本人形などをお持ちになった経験のある人もいるのではないでしょうか。故人が大切にされていたものほど、そばに置きたいのはやまやまながら、やはり手放さなければならない場合もあります。

このような供養は、広く「お焚き上げ」と呼ばれています。神社の庭で、庭燎《にわび》（神社で行うかがり火のこと）を焚くことと仏教の護摩を焚くことが結びつき、魂を天に送り出す行事となったのが由来と言われています。神事的には、火の神の力で天界へ還すという意味があり、仏事的には、思いが込められたもの、魂が宿るとされているものにこれまでの礼を尽くし、浄化によって天界へ還す意味があります。「お焚き上げ」は、神仏関連のもののみならず、丹念に使い込んだものに対して感謝を込めて供養する、古くからの日本の美しい心の伝統文化です。

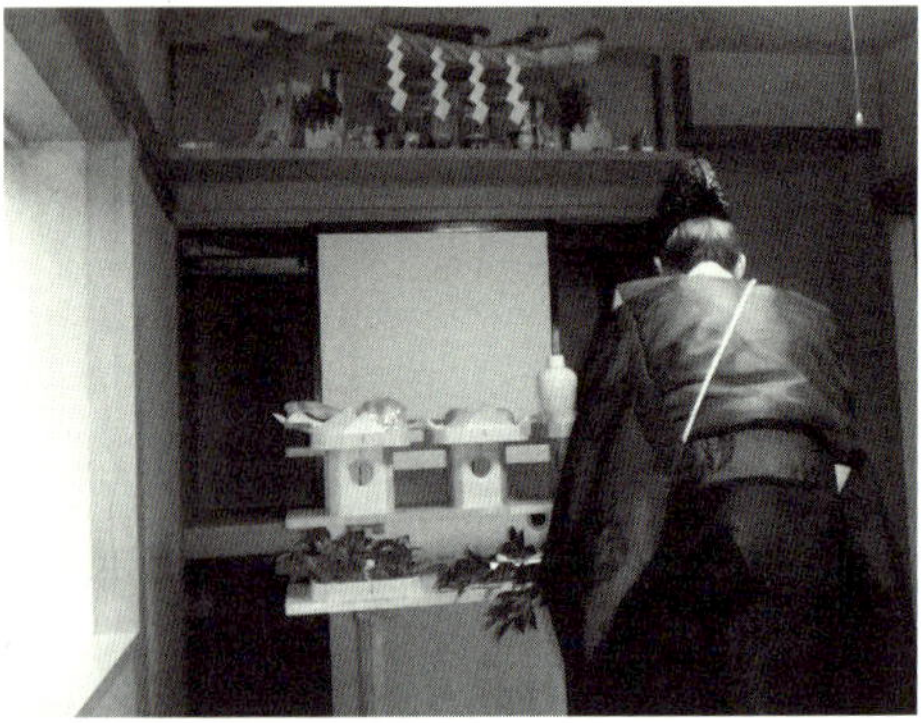

神上がり（神棚供養）の様子

人形供養の様子

これは少し余談ではありますが、お焚き上げの対象は遺品や人形などに限りません。知人からのいただきものなど、ごみとして処分するには少しためらってしまうものもお焚き上げをする人がいます。故人の家をきれいにするとき、遺族自身の思い出の品が出てくる可能性は大いにあります。通信簿や卒業証書、賞状など。持ち帰らない場合はこれらも一緒にお焚き上げをすると、ただ処分を頼むよりは心の負担が小さいかもしれません。

なおどんなものでも、供養してほしいと依頼者が思えば拒む業者はいません。毛布やまくら、寝巻なども「ただ処分するのでは申しわけがない気がする」と頭を抱える依頼者は多いものです。「すべてを供養の対象にしてほしい」と、家財全部をお焚き上げにした遺族もいるほどです。

経験を積んだ遺品整理士なら、必ず供養のルートを一つは持っています。古くから物供養を行っている寺院や神社に持ち込み、ある程度まとまった量になったところで式典を行い、式典が終わった後は、お焚き上げに至ります。

「お焚き上げ」の「焚」の字のイメージから、燃やせるもの以外はダメと思われがちですが、焼却できない品物に関しては、読経・魂抜きを行い、お札をお焚き上げ、供養の後、法に基づいた処理をしています。以前はそのままお寺の中で燃やしていたところもありましたが、やはり時代とともに変わってきました。今となっては数少ないですが、お焚き上げの専用施設があるところでは、他の品と一緒にそこでお焚き上げされることになります。

古物販売とリサイクル

故人が使っていたものの価値を、遺族が正確に理解していることはまったくと言っていいほどありません。ブランド品などであれば、少なからず知識を持っていればその価値も分かるのかもしれませんが、骨董品や絵画などは見た目では分からない価値があります。いつ、どこで、どのくらいの金額で買ったのか。それを知っている人がこの世にもういないのですから、遺族には見当がつかないのも当然のことです。

特に男性などは趣味で少し値の張るものを買い、大事にしまっておいたりするもの。そういった遺族が見過ごしがちなものが、実は高値だったりします。例えば釣竿。釣りに興味のない人はご存じないかもしれませんが、釣竿の値段はピンからキリまであります。故人がこっそり買い溜めていたと思われる高級な釣竿を数本まとめて売ったところ、八十万円にもなったという話を聞いたことがあります。

他にも、例えば古くて珍しい切手はコレクターが必ずいる品物ですし、記念硬貨にも同じことが言えます。ライターや懐かしのテレホンカード、雑誌やチラシに至るまで、収集品は実は宝の山なのです。これら趣味品は鑑定士や査定士の手で取引され、販売額から手数料を差し引いた分が遺族に還元されます。

女性が残されるものの中でも最近特に多いのは、健康器具の類です。ぶら下がり健康器やエアロバイク、マッサージ器具などなど、ほとんどが数回使った後にお蔵入りしますから、新品同様の扱いで取引がなされることになります。

また先の項目で紹介したような供養品も、今は使っていただく供養ということで、仏壇は海外に輸出される場合があります。ベトナム、タイ、カンボジア、マレーシアなど、外国では日本の高級民芸品ということで高く売買され、大事に使ってもらえるようです。仏壇を処分するとなれば、大きさにより五万円からの処分料がかかります。それが海外へ民芸品として輸出されるとなれば、仏壇の大きさやもとの価値にもよりますが、数万円で取引される場合もあり、今後も輸出が増えると予想されますので、遺品整理による負担がかなり軽減されるのではないでしょうか。

また手放される遺品は、そのまますべて廃棄されるわけではありません。リサイクルされていくものもあります。むしろ今は廃棄ではなくリサイクルが主流です。「もったいない」精神や環境問題への配慮から、誰かに使ってもらうために次につなげるのが当たり前になってきているのです。

特に食器類などは、ほんの数年前まではすべてと言っていいくらい廃棄の対象でした。しかしここ最近は、半分以上は食器専門のリサイクルショップや買い取り専門業者に買い取ってもらう流れになっています。衣料品関係も、かつては処分していました。しかし、かなりの安値ではありますが、一キロ単位で衣料品を買い取りしてくれる業者などに頼むことが多くなってきました。

これらの変化は、リサイクルを歓迎する風潮のおかげもありますが、遺品整理のその後の流れがやっと整ってきたと言うべきでしょう。今までは各業者がバラバラに処分をしていたのが、しかるべきルートができてきたということなのです。正しく還元さえされれば、さらに依頼者のためになりますから、喜ぶべきことです。

3Rの先にある「リバリュー」という概念

買い取り品を扱う場合、遺品査定士には、特に遺品を査定するという役割から、特別な心がけが要求されます。

3Rという言葉を耳にしたことがおありのことと思います。ごみを減らす「リデュース（Reduce）」、繰り返し使う「リユース（Reuse）」、再資源化の「リサイクル（Recycle）」の頭文字を取って、３Rの精神と言われています。二〇〇〇年に環境庁（現環境省）を中心として制定された「循環型社会形成推進基本法」に基づく「循環型社会」を実現させるため、導入された考え方です。

「循環型社会」とは、先の基本法によれば「（一）廃棄物などの発生抑制、（二）循環資源の循環的な利用及び（三）適正な処分が確保されることによって、天然資源の消費を抑制し、環境への負荷ができる限り低減される社会」と定義されています。

遺品査定士養成講座のテキストを作ったときにご協力をいただいた立教大学社会学部の萩原なつ子教授は「三ではなく、六つのRが必要である」と提言しています。残りの三つは、修理して使う「リペア（Repair）」、余計なものは買わない「リジェクト（Reject）」、そしてもう一度価値を見出していく「リバリュー（Revalue）」。遺品査定士にはこの「リバリュー」、そして「リペア」ができる能力が必要であると、萩原教授はテキストで明言しています。

循環型社会においては、単なるリユースではなく、今一度そのものの価値を見直し、場合によっては違う見方から価値を付与することも大事です。そうすることで、ものそのものがまた違った輝きを放つようになります。リサイクルやリユースでは生まれない効果で、これが「リバリュー」です。

「リバリュー」に関しては、こんな事例があります。査定と買い取りに訪れた遺品査定士が、倉庫の中を調べていたときです。まとめて置かれていた遺品の中に、作動しないアンティークカメラを見つけました。遺品査定士は、愛好家の間では中古価格で八万円ほどの取引となる品物であることに思い至りました。状態も悪くないことを確かめましたが、ただ一つ悪いことに、動いてはくれません。

古いカメラを専門に扱い、修理もしてくれる業者と知り合いだった彼は、さっそく依頼者からカメラを預かり、知人業者に持っていきました。すると電池が切れているだけで、使用可能との情報を得ることができました。遺族にそのことを伝えると、「私たちには必要ないけれど、そんなによいカメラであれば、使ってくれる人もいるでしょう」と売却を決めました。遺品査定士はカメラを六万円で買い取り、手数料を引いた額を後日、依頼者に返却したとのことです。

カメラは分かりやすいかもしれませんが、価値があるものなのかどうか判断しにくいものもあります。例えば、故人が生前に買って使わないままになっていた人気キャラクターのタオルハンカチ。当然まだ使えるけれど、親族には欲しいという人が現れず、手放す対象になったとしましょう。しかし、そのキャラクターのグッズを集めているマニアから見たら、すでに手に入らないレアな品物かもしれないのです。優秀な遺品査定士であれば、そのものの価値が分かるかどうかはさておいても「これはひょっとしたら……」という勘が働きます。そして必ず、その道の専門家を連れてきてくれ、手放す人と欲しい人との架け橋となることができるのです。

遺品にプラスの価値を

「リバリュー」のその先にも、遺品整理士や遺品査定士ができることがあります。

例えば、故人が新婚時代に行った映画のパンフレットを大切に保管していたとします。遺族にとっては「親が大事にしていた思い出の品」であり、大切に思う気持ちはあるものの、一編の古い映画のパンフレット以上の価値は見出せず、手放す決意をする方が大半でしょう。しかしそのパンフレットは、コレクターや映画の研究家にとっては喉から手が出るほど欲しいものかもしれません。

このとき、いかに売り手と買い手をつなげるか、両者のために最良のマッチングを用意することができるか。その腕が試されるのが査定士かと思われますが、遺品に関しては、それだけが仕事ではありません。

そのパンフレットを故人がいかに大事にしていたか、遺族から丁寧に話を聞き出し、買い手側にその思いを伝える。そして買い手側にも、遺品に故人が生きた証が刻まれていることを意識してもらうのです。

コレクターというのは、ものに刻まれているストーリーを大事にする人たちです。「これは××社が開業五十年のときの記念商品である」「女優の○○がはじめて出したテレホンカードである」などなど……。遺品に刻まれているストーリーは、もちろん有名会社のものでも有名女優のものでもないことが大半ですが、以前の持ち主による特別なエピソードが品物に込められていることを買い手が知れば、以前から欲しいと思っていたものでも、よりいっそう大切に扱ってくれることでしょう。

遺品に、個人的な思い出という価値をプラスする。それもまた、遺品査定士の仕事なのです。

遺品に新たな命を吹き込む「リペア」の精神

また、修理することで息を吹き返し、さらに価値が高まるものもあるでしょう。そのまま捨ててしまうには惜しい骨董品や、珍しい民芸品ならなおさらです。金継ぎ（割れた器を修繕する技術）をすることでより風合いが増してくる徳利やおちょこなどの陶芸品、値打ちが高まる昔のたんすやいすなどの民芸品と、いくらでも考えられそうです。

特に遺品に関しては、思い出はあるけれどもすでに壊れていて処分するしかないと諦めていたものが修理されて使えるようになると、遺族にとってはたいへんな慰めになることが考えられます。それが「リペア」の精神です。

実際、この「リペア」で生まれ変わるものとしては、時計が非常に多いです。中古で針の部分が壊れている、電池がない、ベルトの部分がさびているが品物はよいなどといった時計が出てくると、遺品整理士は修理取扱業者に写真で状態を送付し、買い取り価格を訊いて業者と依頼者をつなぎます。

最近では携帯電話が時計代わりになり、腕時計を持たない人が増えてきたように思います。しかし一昔、いえ二昔前かもしれませんが、長らく高級時計を持つことは男性のステータスでした。またデジタルが主流になる前の精密な作りの時計を、それこそ前代の形見として持っている人もいることでしょう。

それらの時計は、持ち主の死後、もしかしたらうっかり処分されてしまうかもしれません。時計を持たない世代には、価値がまったく分からないものだからです。「自分は使わないし、壊れてしまったから、もう必要ない」と言われ、処分されるそれを、遺品査定士なら救うことができます。遺品でなくとも、使えなくなったものがよみがえると聞けば、何だかうれしくなるでしょう。それが、愛する人が大事にしていたものであればなおさらだと思います。さらに直せばぐっとものの価値が上がるとなればどうでしょう。使っていた本人は亡くなってしまっても、ものの価値は続いていくのです。

遺品に新たな命を吹き込む。

遺品整理士、遺品査定士はそこまでできることを目指しています。

寄付や寄贈を望む声も

遺品をお金に換えることにどうしても抵抗があるという方がいます。そのようなときは寄付や寄贈をお勧めしています。

心当たりのある方であれば、自分が応援する活動などに遺品を売ったお金を寄付をするケースが多いようです。しかし「どこにどのように寄付をしたらいいのか分からない」という方も、少なからずいることと思います。そんなときは、ＮＰＯ法人や福祉施設といった社会貢献をしているところへお金やものを寄付できる仕組みを利用するのがよいでしょう。そもそもかなりの数の遺品整理業者が、遺品ではない通常の不用品を回収する業務も行っているため、お預かりして一括寄付をしていることがよくあります。

また必ずしもお金に換えなくても構わないのです。その地域のＮＰＯ法人を支援しているＮＰＯセンターへ、遺品のままで寄付をするのも一つの手かと思われます。故人がその地域で生きてこられた感謝の証として、地元の福祉発展に役立てることができるでしょう。特に衣料品や文房具、おもちゃなどは、そのまま海外の途上国などへ送るとたいへん喜ばれます。途上国に限らず、地震や台風など自然災害の被害にあった地域があれば、そちらへ優先して送ると、より実のある社会貢献になるはずです。

寄贈で多いのが書籍です。読書家の方が亡くなった際はまとまった量の書籍が地域の図書館へ寄贈されます。まだ使えるおもちゃや人形のうち、供養するのすら憚られるような真新しいものは児童福祉施設などへ。文化的に価値の高い民芸品の類は、町の民俗資料館などが寄贈先として考えられますから、旧家を整理するような際は注意して見てみることが大事です。

また、ただ古いだけのものだからといって処分の対象にすることはありません。例えば特攻で出撃して戦死した方の遺書や写真などが、平和資料館に寄贈された例があります。
寄贈は遺品整理士や遺品査定士の手で自発的に行われることもあります。お客様から少ない金額で買い取らせていただいたものを、店先などで無料で配布するといった、地域から喜ばれる活動をしているところがあるのです。無料のフリーマーケットといったところでしょうか。こういった試みは、全国的に増えていくと思われます。

こうして遺品整理士や遺品査定士が心を込めて整理をした遺品は、リサイクルされたり、リバリュー、リペアを経て買い取られたり、誰かに寄付されたりして、大部分が次の世代へと命をつないでいきます。

第三章　今から備える遺品整理

多くの人が感じている「生前整理」の必要性

膨大な遺品を残して家族に迷惑をかけるよりも、意志のあるうちに自分自身で可能な限り整理しておきたい。そのように考える方が増えているようです。残される家族のため、不要なものを捨てようという取り組みは「生前整理」と呼ばれ、連日テレビで特集が組まれたり、書店の新刊コーナーに関連本が並んでいるのを見かけます。また、身体が自由に動く働き盛りのうちから、自分がすっきりした空間で暮らせるために取り組んでおこうという「老前整理」も話題です。

当協会でも、遺品整理のみならず生前整理の相談を受けることがあります。「なるべく、子どもに迷惑をかけたくありません。そのために今のうちにやっておくべきことは何でしょうか」と、皆さん口をそろえて「子どもに迷惑をかけたくない」と言います。子どもが離れて暮らしている場合はもちろん、すぐ近くに住んでいる場合でも「私は私、子どもは子どもでそれぞれの道を歩んでいる。最後まで自立していたいし、子どもの足を引っ張ったりしたくない」と、子どもの生き方を尊重しようとされるのは、さすが核家族の第一世代の方々だな、と感じます。

今高齢期にさしかかっているのは、日本の経済成長の真っただ中でがむしゃらに働き、脂の乗りきった時期にバブル崩壊にあい、不況期にもリーダーシップを取ろうと頑張ってこられた方々。そして夫が多忙なため留守がちな中でも、耐えて家庭を守ってきた女性たちです。他の世代の何倍も責任感にあふれていると言っていいのではないでしょうか。

責任感が強いだけではありません。「子どもに迷惑をかけたくない」という言葉には、子どもに経済的な負担をかけたくないという気持ちも含まれています。遺品整理に限らず、葬儀や墓など、人が一人亡くなれば大きな経済的負担が遺族にのしかかります。日本人にある程度の収入があった時代ならば、相応の負担はしょうがないと思うことができたでしょう。しかし今は、特に若い人たちの経済力が著しく低下しています。だからお金の面で、収入の少ない子どもに負担をかけたくないと思う親が多いのもうなずけます。

物理的、時間的、金銭的負担を子どもに押しつけることなく逝きたい。そう考え、生前整理に限らず葬儀のプランを考えて見積もりを取っておく、墓を購入しておく、相続について専門家に相談し遺言書を作成しておくといった、「終活」に励む方々。自分自身の来し方を考え、今ある自分についての情報を洗い出し、未来のためにその情報を整えていく。その意味では「終活」そのものが、ものと心と財産についての「生前整理」であると言えるかもしれません。

施設に移る際の整理も増えている

最近では施設に入るために住み慣れた家を整理する例も増えています。一般に老人ホームと呼ばれる介護付きの有料高齢者入居施設をはじめ、認知症の人が入るグループホームなど介護レベルやケアの種類によって様々な施設があります。

例えば最近よく耳にするようになった「サービス付き高齢者向け住宅」。いわゆる「サ高住」です。サ高住は二〇一一年度より国土交通省・厚生労働省が所管する「高齢者住まい法」の改正によって登録がスタートした新しい住まいの形で、民間の事業者などによって運営され、都道府県が登録・認可する高齢者向けの住宅です。入居者の一人以上が六十歳以上の要介護・要支援者であることが条件とされ、どの程度までの要介護者を受け入れるかは施設によって違います。バリアフリーが徹底され、介護スタッフによる見守りや健康相談などのサービスが付いており、専有面積（個室など）があることが約束されていることが特徴です。相部屋ではなくプライバシーが保たれている点が夫婦世帯などで利用しやすく、一躍脚光を浴びました。

スタートしてからわずか四年で全国に四八七一棟、一万五六五〇戸にまで増えたサ高住の棟数が多いのは、大阪府、埼玉県、東京都、千葉県、福岡県、兵庫県など主に都市部。地方の一軒家から、子ども夫婦が暮らす都市で、買いものなどの生活環境が整っているサ高住へ移り住む、「老後の上京」とも言うべき事態になっています。

ちなみに私の住む北海道は、都道府県別のサ高住棟数が大阪府に次いで二位。特に札幌市に集中してある印象が強いのですが、そこに釧路などから移り住むとなると、車でおよそ五時間の距離です。道外の方から見れば、県を軽々またいでしまうような大移動でしょう。

このような移動となれば、今まで住んでいた家の方はそれから長く人が入らない空き家となります。この空き家が曲者《くせもの》で、手入れがなされないことから近隣に雑草などの面で迷惑をかけたり、常に空き巣の懸念や放火の危険性がつきまとうなど様々な問題を抱えることになります。豪雪地帯の場合は雪の重みで家が歪むのを、果ては倒壊するのを防ぐため、雪下ろしのためだけに子どもが実家へ通うというケースもあると聞きます。

家を貸し出せば空き家問題の多くは解決しますが、地方の一軒家はなかなか借り手が見つかりません。「やっぱり戻りたいと思ったときに戻れないのは問題だ」「もしかしたら子ども夫婦が住むかもしれない」といった事情で賃貸に踏み切れない方も多いようです。

施設への移動に伴う整理を行うときには、併せてこのような空き家問題についても考えておきたいものですが、現実には難しく、今の住まいよりぐっと狭くなる施設に何を持っていくか、何を処分しておくかを選り分けるので精一杯というのが現状のようです。

このような整理についても、当協会に相談が入ることがあります。「梱包だけは引っ越し屋さんにお頼みするけれど、亡くなった配偶者のものも大量にあり、事前に整理をお願いしたい」といった依頼です。ときには「信頼できる専門業者に生前整理を依頼したいと相談された」と、行政からの紹介があることも。

ある高齢の男性に遺品整理士を紹介したところ、一緒に奥様の遺品を少しずつまとめ、日記なども丁寧に整理したとのこと。二日、三日と日を重ねてもまったく作業が終わらず依頼者が恐縮しきっていたところに「こういったことは時間の問題ではないので、ゆっくりやりましょう」と親身になってくれ、結局一週間かかってしまったがずっと寄り添って作業をしてくれたと、依頼者は喜んでいました。

このように、遺品に限らず引っ越し前の整理の段階で当協会を活用していただくのも手かと思われます。経験豊富な遺品整理士なら、処分すべきかどうか迷われてしまうようなときにも、後のことを見据えてアドバイスすることができるでしょう。

親の家を片づけたい

生前整理について考えているのは、高齢者だけではありません。最近は「親家片《おやかた》」などと略されるようですが、「親の家を片づけたい」と思っている子ども、特に娘さんの話題をよく耳にします。つまり彼女たちにとっては、実家を片づけるという問題です。後に自分が矢面に立たされる遺品整理のことを考えてのことでしょう。

ただ困るのは、住んでいる親自身が生前整理の必要性を感じていない場合です。親としては今、そしてこれから自分が生きていくために必要なものをただ置いているだけなのに、「これからも使わないでしょうから捨てましょう」などと言われると、老い先短いと言われているようでムッとしてしまうはずです。

亡くなることを前提として話すと、親は心を閉ざしてしまいますし、「後で私がたいへんになるから」と子どもが自分本位で動いては、衝突するのも当たり前。親の身になり、タイミングを計ってあげることが必要です。親と思いを共有しなければ難しいことなのです。

しかし例外はあります。どうしてものがあふれてしまうのか、考えてみてください。帰省をするたびに家の中がごちゃついたように感じられていませんか。「片づけようよ」と促すと、親は過剰なまでに拒否反応を示して頑なに片づけようとせず、どんどんごみ屋敷化していっていませんか。そして本人はごみが散乱する中でも平気で暮らしていて、子どもが頭を痛めていませんか。そんなことが生じている場合は、一刻も早い対処が必要でしょう。何より親の身が危ないからです。

親の家がごみ屋敷化するのは、単に「もったいない」と感じる心が強い世代だからでしょうか。いえ、きちんとした理由があります。多くは健康上の理由です。足腰が弱くなることから、身体を伸ばす、曲げるなどの動作が辛くなり、ものをもとの位置に戻すのが億《おっ》劫《くう》になってしまうのです。すると身のまわりがだんだんもので散らかってきて、その状態に慣れ、さらにものをその上に積み重ねることに躊躇《ちゅうちょ》がなくなっていきます。埋もれたものの中から必要なものを取り出すことが億劫になり、またどこに置いたのかも忘れ、同じものを買ってくる羽目になります。高齢者の家は、こうしてものが多くなっていくのです。

そのような予兆があった場合は、増えたものに目を向けるより親の変化を読み取ることが先決です。足腰が弱っているようなら運動を勧めたり、一緒に散歩に出かけたりと行動的なライフスタイルを提案するとともに、収納の配置について一緒に考えを巡らせましょう。極端にかがまなくてもいい位置に日用品を集める収納を心がけ、親一人でも清潔な暮らしを保てるように誘導するのです。これは早ければ早い方がよいでしょう。

こういった、親子の心と心のやりとりに遺品整理士が何かできることがあるかというと、ほとんどないのかもしれません。しかし、これからの暮らしについて以上のようなアドバイスをすること、そして親子どちらでも、思い立った方が今日から実践できるような、後々困らないためのポイントを提案することはできると思います。

生前整理を行うときの二つのポイント

当協会に集まってきた様々な事例から、遺品整理について遺族が特にたいへんになってしまうこと、困ってしまうことを洗い出せば、生前整理においてやっておくべきことも分かるのではないか。そう考えたところ、見えてきたことがありました。

遺品整理で苦労することは、大きく分けて二つあります。一つはお金の問題、もう一つは心の問題です。

お金の問題は様々な要素と絡み合っています。まずは、ものの多さ。遺品の量が多いほど整理に時間がかかりますから、人件費の負担が大きくなります。また処分品が多いほど、当然のことながら処分料も高くなります。貴金属や骨董品など価値ある物品が多い場合は買い取り金額で相殺できる割合も大きくなりますが、それですべて相殺できるような人は一握りでしかないでしょう。

また遺品整理を進めるべき遺族が遠方に住んでいる場合もお金の負担が大きくなります。単純に移動費の問題もありますし、そう何回も来訪できないとすると大人数で一気に整理することが求められるため、人件費が高くつくでしょう。同居していた遺族がいても、それが高齢者や女性だったときは同じ問題が生じます。健康で年若い男性なら運べるようなものも、誰かの手を借りなければ運べませんから。また、遺族が忙しくて相見積もりを取る時間すらないということになれば、業者を比較検討して費用を安く抑えることもできません。

物理的な問題、距離的な問題、人員の問題、時間の問題。それらが深刻であればあるほどお金がかかります。逆に言えば、それら一つ一つの問題をつぶしていけば負担金額が軽くなります。

そしてお金の問題は心の余裕にもかかわってきますから、金銭的負担は心のダメージにある程度比例すると言えるでしょう。しかし、お金では解決しない類の問題は必ず残ります。それは例えば、踏ん切りがつかず遺族自ら取りかかろうとすることができない、取りかかったところで取捨選択できず途方に暮れる。遺品整理では、このような心の問題が一番のネックとなります。

現代人には総じて時間がありませんし、親と子が離れて暮らすのは当たり前。残される人が高齢者のみで、親族の結びつきが希薄なので手伝ってくれる人は見当たらない……という状況が普通になってきました。もはや、生前にどれだけ準備をしたところで遺品整理士に頼らなければならない時代が来たと言ってもいいでしょう。

お金の負担を軽くするには

しかし、少しでもお金と心の負担を減らすために、今からできることはあります。

まずは気構えと言いますか、「葬儀の後には遺品整理が待っている」「遺品整理にはまとまった金額が必ず必要になる」ということを念頭に置いてほしいと思います。一軒家を丸ごと整理するようなときに遺族から出てくる言葉として多いのが「こんなにお金がかかるなんて、思いもしなかった」というものだからです。

皆さん、葬儀やお墓にお金がかかることは漠然とでも知っています。葬儀が終われば、やるだけのことはやったと胸をなでおろします。しかし葬儀が終わったその後に、発生する出費がある。それが遺品整理なのです。金額面から見た遺品整理の特徴は、簡単に言えば「スタイル次第で金額が変わるわけではない」という点が挙げられます。

葬儀の平均金額は二百万円ほどと言われています。そんなにお金がかかるのだったら形式的な部分は排そうとか、家族だけのお葬式にしよう、戒名をいただくのも疑問だ、という声が大きくなり、家族だけのこぢんまりとした葬儀にしたり、火葬だけにしたりといったスタイルも出てきました。無宗教葬も、実際に行われる数こそ少ないようですが、希望者は多い印象があります。

またお墓は都市部で求めれば百万円は下らない高い買いものです。菩提《ぼだい》寺のない核家族第一世代にとって、実家のお墓は遠くて不便だし、一緒に入る配偶者や弔《とむら》ってくれる子どものことを考えると現実的ではないので、新しく整えなければならないということになります。その際、どんなお墓にするかは自由です。

年間の管理料を一切支払う必要のない永代供養墓、ぐっと安価で駅近の立地も可能なため通うのに便利な納骨堂、様々な人たちと一緒に眠る合同墓など、通常のお墓に比べれば負担がかなり軽くて済むスタイルの需要が高まってきましたし、樹木葬という選択肢もあります。樹木葬は墓石の代わりに植樹をしたり、一本の樹の周りに合葬したりするものなので、単純に墓石の分の金額負担は確実に減ります。また、散骨を選ぶのであれば、墓そのものが不要です。

このように、葬儀と墓については形式の面でもお金の面でも様々なスタイルが選べますが、遺品整理に選択肢はありません。手もとに残すか、手放すか。手放せばお金がかかる、それだけのことですから、節約は難しいのです。

一般的な相場が存在しない遺品整理

それではまとまった金額として、遺品整理のためにどのくらいを残しておけばよいか。これは家の広さや物量、そして地域によって差がありますから一概には言えません。地域によって違うのは、一般に地方よりも都市部の方が処分料金が高いためです。

当協会でも相場について訊かれることが多々ありますが、地方によって、業者によってあまりにも差があるため、業者と依頼者の双方を守るためにも相場を答えることはしていません。ただ、生活用品のそろった一軒家をすべて片づけるとしたら、三十万円ほどは必要になってくるだろうと思われます。

「うちは賃貸に住み替えて狭いから、もっと抑えられる」と考えた方は、家賃のことをお忘れなく。最低でも亡くなってから二ヶ月分の家賃は用意しておいた方がいいでしょう。

さらに、特に遠方から整理のため行き来する場合は、交通費のことまで考えておきたいものです。最低でも見積もりのときと実際の作業時の二回は往復しなければなりません。親族が手伝いに来てくれるような場合はなおさら、家の水道やガスなど、ライフライン関係がすでに止まっている場合はどこに宿泊するか。そこまでを考えると、移動についてもプラスアルファの備えをしなければならないことは明らかです。

具体的な金額を知ることが節約への近道

節約の仕方を模索するには、今の状態でいったいどのくらいかかるのかを具体的に知っておくのが重要です。そのためには、一も二もなく見積もりが必須でしょう。もちろん、今の状態での見積もりですから、業者を決定してしまう必要はありませんし、金額的にもざっくりと見ておけばいいのです。これで時間の問題がぐっと縮小されることでしょう。いざとなってから大慌てで見積もりを頼むのとでは雲泥の差です。

だいたいの金額が出たら、そこを上限として、ものを減らしていきましょう。家族の中に生前整理は気が進まないという人がいたとしても、具体的な金額を見れば少しは動く気になってくれるかもしれません。大きな家財も、自分たちで粗大ごみとして出す時間の余裕があれば費用が抑えられます。物理的な問題も、人員の問題も大幅に縮小され、節約につながります。

また、忘れてならないのは査定です。査定士に手放すものの見積もりを依頼しておけば、差額相殺の目安とすることができます。もちろん経年により価値は変わってきますから、これもざっくりと見ておきます。

遺品になってしまってからとは違い、持ち主が生きているうちに査定できるのですから、いくらで買ったか、どこで買ったかなどの情報も確かです。つまりどこの何とも分からない場合に比べて、査定額アップにつながります。トラブルにしないためにも査定士にはあらかじめ見積もりのみであることを告げ、品物についての情報は一つずつ記録をしておきましょう。

亡くなってからのことを考えて査定をお願いするなんて気が乗らない、という人もいるかもしれません。しかし、自分が大事にしているものに、いったいどのくらいの価値があるのか、知っておくのもよいのではないでしょうか。思いがけないものにいい値がついて、次の日からその品を見る目が変わるかもしれません。

また非常に価値の高い貴金属類などは、相続のときにもめる可能性があることも否定できません。その貴金属自体にあまり思い入れがないといった場合は、亡くなる前に売ってしまって現金に換えておくと、後の面倒が減ってよいでしょう。特に、バブル期のブランド品などは「こんなものもあったな」というような、今ではまったく使っていないようなものも発掘されがちです。この機会に子どもたちも家の不用品について査定してもらい、一気に手放しておくと親の「生前整理」と子どもの「老前整理」、どちらにも役立つのではないでしょうか。

どんなに何もないと思っても、築三十年程度の一軒家であれば十万円程度の買い取りにはなりますから、整理金額の二割から三割ほどはカバーできるものと思われます。遺品整理の負担を減らす意味でも、まずは査定をしてみることが重要です。

あえて整理しないという考え方も

あるいは、こんな考え方もあります。その金額で遺品整理ができるのであれば、お金は用意するので、このまま思い出の品に囲まれて暮らしたい。

今もこれからも必要ないかもしれない、でも捨てることそのものが辛い。昔ながらの感覚をお持ちの方は、身を切られるような思いで生前整理に臨んでいるものと思われます。その心の負担は、違う世代から見たら考えられないほど重いのです。双方のこれからのために生前整理をするというのに、その話題が出るたびに価値観の違いからけんかになってしまったり、重苦しい空気が漂うようになってしまったりしては元も子もありません。ものを残す分、それらを処分するためのお金もきちんと用意しておく、というのも手です。

ただ例外はあります。前出した、ごみ屋敷とも言うべき事態です。そもそも生前整理の枠を出た精神的なケアが必要ではありますが、仕方なくものがあふれてしまう場合はあるでしょう。特に体が不自由な場合、例えば車いす生活の方の部屋などはものが否応なく散らかりがちです。自分で片づけられる範囲が極端に狭いからです。さらにものにつまずいて転んでけがをしてしまう危険性もありますから、日ごろのメンテナンスが必須になります。なるべくお子さんによるケアが、親子間のコミュニケーションのためにも大事です。しかし子どもが遠方でなかなか行けない場合は定期的にハウスクリーニングを頼む、ヘルパーを頼めるような環境にあれば毎回簡単な片づけをしてもらうなど、子どもからのこまめな遠隔操作が生前整理のためになり、今後の生活の質を下げないといった面でも効果的です。

心の負担を軽くするには

ある遺品査定士の方から、こんな話を聞きました。

ある日、リサイクルショップに一人の女性が訪れ、「最近、指輪が流れてきませんでしたか」と、指輪の特徴や売りに出した日、お店などについて話し始めました。そのような指輪を仕入れた形跡はなかったので、ありのままを告げると、女性はとても残念そうにそのまま店を出ていかれました。

女性は付近の違うお店にも現れたそうです。複数のお店の話を総合すると、ひいおばあ様からずっと受け継いでいる形見の指輪を、そうとは気づかず売ってしまったとのこと。

売ってしまった後で、亡きお母様の日記を見て知ったのだそうです。日記には娘さんあての手紙が挟まれており、「代々引き継がれてきた指輪をお前に」と書かれていました。

お母様は娘さんに手渡すつもりでその手紙を書いたものの、結果的に渡すことができなかったのでしょう。女性は大慌てで指輪を売ったお店を訪ねましたが、すでに取引された後でした。いったん出回ってしまったものを探すのは至難の業です。それでも女性は諦めきれず、近くのお店を次々と回ったのです。見つかったかどうかは不明ですが、手もとに戻るのは奇跡に近いと思われます。

故人が大切にしていたものをそうとは知らず手放し、知ってから後悔する。遺品整理において最も陥りやすい心の問題です。処分してしまったら取り返せません。故人の遺影に謝っても許しの言葉が返ってくることはなく、取り返しのつかないことばかりで、遺族にとってたいへんな心の傷になります。

また最後までその価値が分からないといったときでも「あれは果たして、手放してよかったのだろうか」と後々まで迷う人はたくさんいます。そんなふうに悩まないためにもきちんと吟味しようと思い、慎重になりすぎてただ時間だけが過ぎていく……というのが、遺族だけで行われる遺品整理の特徴です。

また純粋に大事な思い出の品、というだけでなく、各種手続きに必要なものが見当たらないという問題も出てきます。この問題は、どんな家庭でも必ず一つは生じます。特に離れて暮らしていた場合、遺品整理の場面で金庫の鍵のありかをすぐに言える遺族はまずいません。鍵でさえこうなのですから、暗証番号など言わずもがなです。通帳、印鑑、保険証から土地の登記簿に至るまで、遺品整理の間は常に何かを探しているのが現実です。

ただ右往左往しているだけでは焦りも生じてきます。特に賃貸の場合は期限も迫ってきますから深刻です。持ち家など期限が特にない場合でも、「やらなくちゃ」という意識がいつも頭の片隅にあると、大きなストレスになります。また、「どうして大事なもののありかくらい、生きているうちにきちんと訊いておかなかったのだろう」と、自分を責める人もいます。やり直しがきかないことで自分を追い詰めることほど、心の負担になることはありません。

この問題を解消する方法は、言ってしまえばとても単純です。「生前に大事なもののありかや残してほしいものについて伝えておく、訊いておく」というものだからです。しかしこれがなかなか難しい。形見にしてほしいものならまだしも、通帳、カードのありかや暗証番号などについては、いくら家族と言えどもあらかじめ教えておくのは不安でしょう。

目につくところにメモなど置いておくのも、もし知らない人に見られたらと思うと落ち着かないのではないでしょうか。

そんなときに効力を発揮するのが、エンディングノートです。

エンディングノートの役割

書店で、あるいは葬儀社や冠婚葬祭互助会などのセミナーに参加した際に渡されたりして、すでにエンディングノートを手に入れている方もいるでしょう。介護の希望や終末医療、葬儀や墓、相続と、自分がその場では意志決定できないことについて希望を伝えるための記録ノートです。

特に相続部分については、「遺言書とどう違うのか」という疑問を持たれる方もいるでしょう。エンディングノートには法的効力がありません。つまり希望を書いたとしても、遺言書が他に用意されていれば、もちろん遺言書の方が優先されます。あくまで希望を書くノートなので、遺族が希望を反故《ほご》にしたとしても法的に糺《ただ》されるようなことはないのです。

ですからエンディングノートとは別に遺言書を作成することは大事ですが、エンディン

◆遺言書とエンディングノートの主な違い

	遺言書	エンディングノート
法的効力	あり（死後に効力）	なし
書き方	規定された書き方以外で作成された場合、書面が無効となる場合もある	自由に書き進めることができる
費　用	自筆証明遺言：数百円〜 公正証書遺言：数万円〜 秘密証書遺言：数万円〜	数百円〜
主な記載内容（伝えたこと）	財産の分け方について	葬儀・供養の方法 余命宣告の考え方 など

グノートには遺言書とはまた違う役割があります。家族に思いを伝えることです。

遺言書にも、思いを示すことのできる項目はあります。付言事項と言い、これは本体以外のところなので法的効力はありませんが、例えば遺言書本体について、どうしてそのような配分になったかを示し、遺族に理解を求める文面を書き加えることができます。不公平感のある相続に遺族の一部が不満を抱えていたとしても、付言事項によってその場が収まる効果が期待できるのです。

付言事項は、本体とのバランスを考えればあまり長い文面にできませんが、エンディングノートであれば、字数や内容に制限はありません。相続に限らず、家族との楽しい思い出について、個人的なメッセージ、自分がどんな人生を送ってきたかに至るまで、分量を気にせず書きつけられるのです。内容の削除や更新も、気軽にできます。

また相続以外の部分について書いておけるのも、エンディングノートの魅力です。遺言書の開封は相続人の立ち会いが必要なので、開封するのは多くが葬儀の後となります。とても立派な葬儀をした後なのに、遺言書に「家族だけのこぢんまりとした葬儀にしてほしい」とあっては、遺族はたまりません。介護や終末医療について書くことも、遺言書では不可能なのは言わずもがなですね。

またエンディングノートは、そのものがコミュニケーションツールとして功を奏するという側面があります。エンディングノートを手に入れ、パラパラとめくってみるだけでも、家族に伝えておかなければならないことが山ほどあると分かるでしょう。「書いておくだけでは足りない、今のうちにきちんと伝えておくべきこともある」という気持ちになるのではないでしょうか。

伝えるべきことが明確になれば電話や来訪の機会が増えることにつながりますし、親子でエンディングノートをめくって項目について確認しておくのも、いざというときに子どもが慌てないために有効です。エンディングノートを介して、気がつけばコミュニケーションが増えた。そんな姿が理想です。

エンディングノートに書くべきこととは

エンディングノートには介護から相続に至るまでたくさんの項目がありますが、ここでは遺品についてどのようなことを書いておいたら家族が助かるかということに焦点を絞ってみましょう。

残すべき遺品には、次のような種類があります。

- 思い出の品（写真、手紙、衣服など）
- 貴金属、骨董品
- 資産情報（現金のありか、口座情報、クレジットカード情報、不動産情報、保険証書、貸借金の有無など）
- その他どうしても残していかざるを得ないもの（ペットなど）

それぞれについて品物を指定し、ありかを明示し、対処方法を書かなければなりません。

思い出の品については、まずはリストアップが重要です。他のものは大事であることが一目瞭然ですが、思い出の品は本人が「大事である」と宣言しなければ、大事に扱われる可能性は低くなってしまうからです。普段何気なく使っている日用品の中にも、それは隠されている場合があります。

自分の身がなくなったとしても、残ってほしいものは何か。

それを使って、見て喜んでいる家族の姿が思い浮かぶか。

想像しながらリストアップしていきましょう。

残してほしい思い出の品についてリストアップができたら、それぞれの保管場所を書きます。さらに取り扱い方法や、託したい人物についても書き残します。備考欄として、どんな思い出があるのかを書き加えておけば、いっそう大切にしてもらえることでしょう。

貴金属や骨董品については、残してほしいものと手放しても構わないもの、どちらもリストアップするとよいでしょう。そのまま、査定に役立つ資料になるからです。項目立てをして、それぞれ購入金額やいつどこで買ったものか、取り扱いの方法、品物にまつわる思い出について書いていきます。残してほしいものについては贈与する人物を、手放しても構わないものについては、指定の査定士やリサイクルショップがあれば書いておきましょう。事前に見積もりに来てもらったのであれば、見積書を添付しておけばカンペキです。ただ前述のとおり、経年変化により査定額の変化が免れないことも書き加えておきましょう。

また、すでに手放した貴金属のうち、家族の印象に残っている可能性があるものについては併せてリストアップしておくことが大事です。「お母さんが持っていたはずのネックレスが見当たらない」などと大騒ぎになるケースが見受けられます。それが本当に大事にされていたのであれば必ず出てくるはずですが、最後まで見つからないのはすでに手放した可能性が高いのです。生前整理としてまとめて売った、大事に使ってくれる友人にあげた、もしくは貸しているといった事情がある場合には、きちんと書いておくことが家族の混乱防止になります。

資産については詳細をありのままに

資産情報については、詳細に残しておくことが肝心です。相続にあたっては遺産の一切合財を洗い出すことが必須になりますし、相続が始まったら解約したり名義を変えたりといった手続きが必要になるからです。

例えば預貯金では、役所で死亡届が受理されてから、預金口座の相続人が確定して手続きが行われるまで、利用口座は凍結状態となってしまいます。そのため相続人が確定したら、名義変更依頼書、故人の戸籍謄本、除籍謄本、改製原戸籍謄本、相続人全員の戸籍謄本、印鑑証明書、遺産分割協議書のコピー、通帳を該当の金融機関に持参し、手続きを行います。慣れないことのうえ準備書類が多く、骨が折れる作業です。

株式であれば、故人名義の株式は死亡届が受理された時点で売買ができなくなり、遺言書や遺産分割協議によって相続人が確定後、株式の名義人を故人から相続人に書き換える必要があります。なお有価証券などについては、有価証券法や金融商品取引法などの法規制もかかわってきますから、法律家に相談しなければならないところです。確かにあったはずなのに、金融機関も証券番号も分からないといった事態にならないよう、資産ごとに詳細情報を残しておきましょう。

資産と言うと預貯金や不動産のことと思われるかもしれませんが、クレジットカードが意外と厄介な代物です。かなりの人が自動引き落としを利用していることでしょう。電気や水道など分かりやすいものについてはさほど問題ないと思われますが、何らかの趣味で月額会員などになっていた場合、誰も知ることなく延々と引き落としが続くという事態にもなりかねません。口座と、それに連動させているクレジットカードについては必ず書きつけておきましょう。

不動産は登記簿を確認しておきます。これはエンディングノートに直接関係ないことではありますが、今のうちに名義人を確認しておくのが重要です。先祖の名義になっている山はないでしょうか。名義人が故人の場合、名義変更は少したいへんです。後の面倒を今のうちに引き受けておくのも大事なことです。

またマイナスの資産についてありのままをまとめておくのも重要なことです。「借金はない」とおっしゃる方が大半でしょうが、ローンはどうでしょうか。借入先、借入額、毎月の返済額などを記録しましょう。また借金の保証人になってしまっている場合は主債務者の氏名と連絡先、債権者情報、債務の内容を残しておきます。遺族が、相続するか放棄するかの判断材料となる部分ですから、ありのままを書くことが大事です。

ペットの世話やものの寄付、寄贈についての情報

ここ十数年の変化と思われますが、ペットがまるで家族のように扱われるようになってきました。特に、年齢にかかわらず一人暮らしの方にとっては、慰められる存在です。犬

や猫を子や孫のように可愛がっている方も多いのではないでしょうか。

飼い主が亡くなってペットだけが残された場合、継続して飼ってもらう人が必要です。飼い主が見つからないからといって保健所へ連れていかれるようなことは避けたいですから、預け先は今のうちに見つけておきましょう。

エンディングノートには、ペットの情報をまとめておきます。名前、種類、性別、えさの種類、年齢、病気や健康状態について。血統書や避妊手術の有無。かかりつけ病院とその連絡先も重要な情報です。

飼育者に遺産を残すこともできます。ペットを世話してくれることを条件として遺言書に残す「負担付遺贈」です。遺言書に書いたら、その旨をエンディングノートにも残しておくとよいでしょう。また、ペットの埋葬についても決めてある場合は、書き残しておきます。

ペットの飼育を頼める人が誰もいないといった場合は、動物愛護協会に連絡し、判断を委ねるという手もあります。その旨もノートに記録しておきましょう。

また手放すものの中で、寄付をしようと考えているものがあれば項目立てをして整理しておきましょう。衣類や日用品、書籍など、もので寄付するのか、それをリサイクルショップなどで現金化し、お金で寄付するのか。指定する買い取り業者があればそれも書いておくと、家族も安心して任せることができるでしょう。

寄付を希望する団体の連絡先も必須です。もし、寄付をしたいとは思うが具体的には分からないということがあれば、「こんな団体に寄付をしたい」といった希望だけでも書き加えておきましょう。家族に心当たりがある場合もあるかもしれませんし、作業に訪れる遺品整理士が紹介をしてくれることも考えられます。

エンディングノートの保管と書くときの心構え

大事なことが書いてあるエンディングノートですから、しまう場所も重要です。外部の方が目にすることのない場所にしっかりと保管しましょう。いざというときにない、と騒ぎにならないためにも、家族が分かりやすい場所であることが重要です。お勧めしたいのは通帳や印鑑関係と同じところ。大事な場所なので目を留めやすく、家族もそういった場所であるということを知っていますから、ことが起これば真っ先にそこを開けてくれるでしょう。

理想はエンディングノートを書いたこと、そしてそのありかを子どもに伝えておくことです。しかしその場合、万が一貴重品などを紛失したときに「子どもが持ち出したのではないか」と疑わざるを得なくなってしまいますから、躊躇する方も多いでしょう。もし打ち明けておくなら、より遠方に住んでいるお子さんの方が安心かもしれません。

また、エンディングノートはすぐに書こうとしてもなかなか書き始めることができないものと思われます。もしものために自分の情報を書き留めておこう、その目的のためばかりだとすれば、エンディングノートに対して暗い気持ちしか抱けなくなってしまうのも当然のことでしょう。しかしエンディングノートを、ご自分の残りの人生のあり方を考える道具として考えてみてはいかがでしょうか。

エンディングノートは、人生を振り返るきっかけにもなりますが、自分の人生の終わりに向け、これからどうしていきたいか、そのためにはどんなことが必要かを考えていくきっかけにもなります。例えば、銀行口座の情報について記入しようと思ったとき、「こんなにたくさんのものをバラバラに預けてしまっていたんだ。この機会に一ヶ所に定めて保管しておくようにしよう」と思うこともあるでしょう。また使っていない口座を整理して、自分の資産についてすっかり書き出したときに、「無駄遣いしないようにと質素な生活をしていたけれど、家族と一緒にもう一度くらい旅行ができそうだ」などと気づくこともあるでしょう。せっかく情報の整理をするのですから、そこからまた新たな人生を歩めるよう、エンディングノートを生きるためのツールとして活用しましょう。

エンディングノートを書いてもらいたいときには

親がエンディングノートを書いているようなそぶりもないとき、率直に「これを書いてほしい」と渡すことができれば簡単ですが、そうもいかない。悩んでいる方は多いと思います。「これを書いてほしい」などと直接言われたら、誰でも「もうすぐ死ぬと思われているのだろうか」と悲しくなってしまうでしょうから。さりげなく書いてもらえるように促すには、どうしたらよいでしょうか。ここで少し、提案をしてみます。

まずは、エンディングノートを配っている遺品整理士や葬儀社、保険会社のセミナーなどに参加して、実際に手に入れてしまうことです。「こんなものをもらってきたよ」と、ついでのように見せてみましょう。興味があれば、パラパラとでもめくってくれるはずです。エンディングノートだなどとは言わずに、資産管理のための記録帳や、連絡簿として使ってみては？　と言ってみるのもいいのではないでしょうか。

それでもちょっと気が引けるという方は、テレビで「終活」やエンディングノートそのものの特集があったときに、あくまでこれからのこと全般として水を向けてみるのはどうでしょう。また、供養や介護のことまで含めて、関連した特集の載っている新聞や雑誌が手に入ったときに話してみる。親子で同じ記事を読み、一般的な議論にすれば話も弾むことでしょう。そこから、親がこれからについてどう考えているかを探るのです。

いつも亡くなったときの話をするチャンスを待っているなんて辛い、という方は、思い切って法事の場を利用するのも手です。法事では親族も集まりますから、一対一よりは柔らかい空気の中で話をすることができます。周りに人がいるのであまり掘り下げた話はできないものの、他の親族がどう取り組んでいるのかも知るチャンスになりますし、後に「この前の話だけど……」と、詳しい話に持ち込めばスムーズに運ぶかもしれません。

また、若くても自分でエンディングノートを書く人は増えています。特にお一人様の女性の間では、四十代のうちから、葬儀や墓についてお願いする人を決め、友人同士で情報を共有し合っている場合もあるという報道がなされたほどです。学研から発行されている『Ending Notebook 決定版女性のためのエンディングノート』など、可愛らしいエンディングノートも開発されています。

また備忘録としてのエンディングノートには、若い人でも利用価値があります。例えばアドレス帳。携帯電話の中はもちろん、ウェブメールやSNSなどに知人のデータが散らばっている人は多いかと思われます。リストを一ヶ所にまとめておくと、事故などもしものことがあったら家族がそのノートを使って必要な人に情報を伝達することができ、何かと便利です。

自分から興味を持って書きだしてみると、今置かれている状況と将来どうなっていくのかが視覚化され、エンディングノートのどこにポイントがあるか、何が便利かが具体的に見えてきます。「こんなものを書いていて、とても便利なんだよ」と自分のエンディングノートを親に見せれば説得力が生まれ、興味を持ってもらうきっかけにもなりやすいでしょう。

当協会でも、遺品整理に特化したエンディングノートを発行しており、全国の遺品整理士の手を借りて皆様に配布しています。ご要望の際は、お問い合わせください。

施設移動に伴う整理は心の負担を減らすチャンス

施設へ移るときの整理は、生前整理の何よりのチャンス。後のお金の負担も減りますが、それよりも心の負担を減らす最大のチャンスになります。本人が自分の意志を持ってセレクトすることができますし、子どもは何をどのように残しておけばよいのか、本人に訊いておけるからです。ですから、親はなるべく子どもに手伝いに来てもらいましょう。子どもは「来てもらわなくてもいい」と言われたとしても、何とか出向くようにしましょう。

本人が何を大切にしているのか、どんなものが好きで、趣味は何なのか。片づけながらそれを共有することができますから、エンディングノートを書いたり読んだりするよりも具体的に効率よくいろいろなことを知れるでしょう。昔話に花が咲き、思いがけず楽しいひとときを過ごせるかもしれません。

一緒に整理を進めていくうちに、「これは今のうちにあなたに渡しておきます」など、生前贈与のきっかけになることも。あまりに高額なものの場合は、相続のときにトラブルにならないよう、親子ともにきょうだいに報告しておくことを忘れないでください。

念のため、「だからエンディングノートは必要なくなる」ということではありません。エンディングノートは遺品にまつわる項目だけがあるわけではありませんし、もしもう書いてあるのであれば、ものの置き場所が著しく変わるわけですから、むしろ更新が必要になります。新しくノートを準備する場合は、古いものは破棄するか、新旧が分かるよう日付などで区別できるようにしておきましょう。

このような生前整理は親子間のコミュニケーションもでき、後の負担がかなり軽くなることから、当協会としてもこれから焦点を合わせていこうという流れにあります。

お金の負担も心の負担も最大になる「孤独死」

どんなに生前から準備をしていても、いやむしろ準備をしないからこその結果とも言えるかもしれませんが、お金の面でも心の面でも相当にダメージを負ってしまう事態が、「孤独死」です。

孤独死に明確な定義はありません。多くは一人暮らしの高齢者などが自宅で亡くなり、何日も見つからないケースを言います。この状態に、生前も日ごろから周囲との交流がなく、なるべくしてそうなったというニュアンスが加わると「孤立死」と呼ばれます。遺品整理の現場ではどちらも問題となる状況ですから、状況を総合する意味でも、ひとまずは「孤独死」と呼ばせてください。

誰にも看取られず一人で亡くなること、それ自体は一人暮らしであれば誰にでも可能性があります。年齢に限らず、です。一人暮らしであれば、会社員として働くなど日ごろから社会とつながっていたとしても、発見が遅れてしまうのは仕方ないと言えるかもしれません。その前日まで健康そのものであったとしたら、たとえ一日や二日の無断欠勤があったとしても、電話こそ頻繁に入れるものの家にまで出向く上司は少ないでしょう。急に心筋梗塞が起こり、倒れたままになっているなど思いも寄らないのではないでしょうか。

例えば松戸市では二〇一四年四月に孤独死についての調査を行い、二〇一三年の市内の孤独死は一八九人で、このうち二十人ほどが二十歳から四十九歳であったと発表しました。中には、死亡した二十代の男性がその十日後、電話に出ないのがきっかけで発見されたケースがあったそうです。孤独死は高齢者だけが陥ることではないのです。

一人暮らしであることは、社会の豊かさの表れでもあります。好きな場所で自由に暮らしていける社会、プライベートが侵害されない社会、人が一人でも生きていける便利で豊かな社会。それらを目指して私たちはがむしゃらに働いてきたのではなかったでしょうか。関東で活動をしている遺品整理士は、「業務の中で孤独死が四分の一を占めている」と言いました。その大半が、東京の単身者だそうです。社会の構造が遺品整理の仕事にそのまま表れてしまっていると言えるでしょう。そう考えると、誰にも看取られず、発見が遅れるというそれだけを見て、滅多にないみじめなこと、陥るべきではないかわいそうなことと断定するのは少し早計な気がします。孤独死は、私たちが望んだ生活の結果であると言

える からです。

　私は孤独死自体ではなく、亡くなったその後に問題があるのではないかと考えています。亡くなってから発見までの期間を短くしなければならないことは言うまでもありませんが、どんな亡くなり方をしたとしても、その後できちんと生きてきた証を整理できる社会になっていないことが問題なのです。故人の尊厳を保ち、どんなものも遺品として扱う遺品整理士が今、必要とされているのではないでしょうか。

「どんな状況でも個人の尊厳を保つ」と聞くと、一部の人は「そんなこと、当たり前じゃないか」と言うかもしれません。しかし、そんな当たり前のことを言わざるを得ないほど、孤独死の現場は厳しいのです。

孤独死の現場とは

　突然亡くなる人は、様々な場所で倒れます。お風呂場、布団の上、急な胸の痛みに助けを呼ぼうとして玄関先で亡くなるなど……。とても痛ましいことながら、それが長らく発見されないままでいると、まず遺体から臭いが発生します。はじめは誰も気づかないかもしれませんが、その臭いはだんだん部屋じゅうに広がり、外へ少しずつ流れていきます。

そしてハエなどが発生します。生ごみが手つかずになるので、そこからも虫や臭いが発生することでしょう。駆除する人がいないので、どんどん繁殖してしまいます。

さらに染み出した体液が床を汚し、時間の経過とともに床の奥の方まで侵食していきます。「何だか最近、異臭がするな。気のせいかハエも多いし。あのお宅、新聞がずっと溜まっているけど、長く留守なのかな」とご近所が不審がるころ、部屋の中は通常の清掃ではとても追いつかない状態になってしまっていることでしょう。住んでいるところが木造アパートの二階以上である場合は、すぐ下の部屋の天井から体液が垂れてくることすらあります。そこまでにならないと、気づかない場合があるのです。

近所の方が「絶対にここで人が亡くなっている」と思っても、勝手に入るわけにはいきません。鍵を持つ不動産屋や大家に連絡し、大家は保証人などに連絡を取り、警察に立ち会いをお願いし、やっと解錠に至ります。通報してから解錠までの間も、腐敗はどんどん進んでいってしまいます。そんな遺体と相対しなければならない遺族の悲しみは、計り知れません。

孤独死の後に遺族が置かれる状況

問題なのは、遺体が見つかった後です。それだけ腐敗が進んでいると、通夜や葬儀の際に遺体と対面することはまず不可能でしょう。緑色などの納体袋と呼ばれるビニール製の袋に、すっぽり包まれたまま棺に納まったご遺体と対面することになるか、腐敗が特に進んでいる場合は火葬をしてからの葬儀となります。「そんなになるまで放っておくなんて」と親族に責められることは、避けられないと思われます。

そして部屋を清掃するときになれば、まずは近所に謝りに出向かなければなりません。異臭や害虫で迷惑をかけてしまった近所の方々は言うまでもないですが、特に体液がしたたり落ちてきたなどという目にあった方には、どう謝罪したらよいのか見当もつかないほどでしょう。

なお、大家さんは困りに困っています。アパートの住人から苦情が出てしまっているうえ、徹底的に清掃しないと次の人が入れません。清掃したところで臭いがすっかり消えるだろうかという不安もあります。「あそこの家では人が悲惨な亡くなり方をした」などという噂が生まれ、次の人が入りにくくなるような風評被害の発生も気になるところです。

このような人々から次々に責められ、遺族は「孤独死をさせてしまった」「近隣に多大な迷惑を及ぼしてしまった」と、取り返しのつかない罪悪感に苛まれることになるのです。

一番辛いのは大切な人を失った遺族なのに、周りから非難され、謝り続けなければならないというのは、あまりに切ない状況ではありませんか。

さらに特殊清掃をする業者の対応が遺族の心情に沿うようなものではなかった場合、よりいっそう悲しみは深くなってしまいます。

遺品整理士のうちでも、特殊清掃ができる人材となると限られています。当協会には一万人を超える遺品整理士がいますが、事件現場特殊清掃士は約一千人しかいません。ですから特殊清掃ができる人は、そういった現場に特化して活動している人が多いのです。孤独死ばかりではなく、自殺現場や警察が入るような事件現場などです。そこには遺族がいないこともあります。遺族のいない現場ばかりを担当している人が孤独死の部屋を担当した場合、悪気はなく、自分では普段どおり仕事をしているつもりでも、遺族の目には「遺品を乱暴に扱われている」と映ることがないとは言えません。

「思い出の品を探し出してもらえますか」と頼んでみても、「この状況を見れば、そんな暇はないことは分かるだろう」など、心ない言葉を浴びせられる。そして遺族も、「確かに、業者さんの言うとおりだな……」と諦めてしまう。これは、たいへん悲しい事態です。

よく訓練された遺品整理士なら、特殊清掃の現場に立たされたとき、まずは遺族の心情を慮《おもんぱか》ることに集中します。気持ちに寄り添い、かける言葉一つにも気をつけます。

そして「思い出の品を探したい」と言える遺族であれば、まだ心配ないのです。「どうして守ってあげられなかったんだろう」という自責の念が強すぎて、臭いを取った後でも部屋になかなか入れないという方は、「すべて捨ててください」と依頼されます。

孤独死したばかりに、幸せの記憶が詰まっているはずの思い出の品がすべて、目を向けるのも辛いものになってしまう。

遺品整理士にとっても、こんなに辛いことはありません。

通常の二倍もの費用がかかる特殊清掃

孤独死においては、心の痛みもさることながら、かなりの出費を覚悟しなければなりません。特殊清掃は、その程度によって金額が違いますが、まずは特殊清掃を行って臭いを除去し、それから遺品整理に取りかかるという二段階の対応が必要です。よって通常の遺品整理のおよそ二倍の負担は間違いないと見ていいでしょう。

体液による侵食が大きいほど、料金は跳ね上がります。木造住宅の一階で発見が遅れた場合、基礎の部分にまで臭いが染みつき、コンクリートを破壊するような大工事になることもあります。そんなときは、百万円、二百万円といった単位でお金がかかってしまうのです。

また清掃そのものの出費よりも厳しいのは、大家さんや近隣の方々への賠償です。敷金はまず戻ってこないと見ていいでしょう。特殊清掃の料金はもちろんのこと、次に人が入るまでの家賃補償をしてほしい、他の住人が臭いなどを理由に転居してしまったのなら、その分の賠償金を支払ってほしいなどといった要求がなされるかもしれません。

なお住んでいた場所が二階以上であった場合は、すぐ下に住んでいる住人にそれなりの謝罪をしなければならないでしょう。どこまで求められるか分かりませんが、ある程度の金額が必要になることは間違いありません。

査定の面でも、諦めなければならないことが多いはずです。高価なアクセサリーでも、臭いが染みついてしまったら売れることはありません。経年変化や傷は減額対象で済みますが、取れない臭いはどうしようもないのです。

どんなに生前に用意をしていても、エンディングノートに希望を書いていても、一瞬でその努力が無に帰す。それが孤独死です。

これからも増えていく孤独死

東京都監察医務院によると、東京二十三区内での孤独死は平成二十五（二〇一三）年度でおよそ七四四〇件。そのほとんどが一週間程度で発見されているものの、「親の死に目に会えない」ことが滅多にない罰当たりなこと、などとは言えない時代になってきたことが分かります。第一章で述べたような単身世帯の増加を考えれば、これからも孤独死は増えていくことでしょう。

孤独死が増えるであろう、その原因はもう一つあります。未婚化です。内閣府によると、二〇三〇年には五十歳以上の男性の三人に一人は未婚者になる、という推計が出ています。未婚者の行き着く先は、そのほとんどが単身世帯でしょう。

最近では、見守り機能が付いた家電が話題になっています。一日一度も使わなかったら、家族など指定したメールアドレスに連絡が行く仕組みです。電気ポットやライトなどが知られていますが、そのような見守りに関する商品がヒットしたり、地域の見守り機能をアップさせるなどの取り組みが各地で行われており、各自の努力によって亡くなってから発見までの日数を減らすことは可能でしょう。

しかし、孤独死が増えていくことが避けられない以上、ことが起こってしまってからのケアのあり方を考えるのも必要です。それができるのは、遺品整理士しかいない。そう感じています。

孤独死の現場は悲しみにあふれています。その悲しみを和らげることができるのが、「どんな状況でも遺品として取り扱う」という遺品整理士の精神です。ウジ虫にまみれた写真の類も、臭いの染みついた衣類も、そこに故人と遺族の思い出があると思えばごみとしては扱えません。虫を取り除き、服はきちんと畳みます。

それは「故人がその場にいらっしゃる」と感じるからこそです。亡くなってしまったけれど、確かにここにいる。仕事ぶりをきちんと見ている。そう思えば、他人のものをぞんざいに扱うことなどできないでしょう。

最後に痛ましい姿になってしまっても、生きていたころのことがすべて否定されるわけではない。それを、故人が使っていたものを丁寧に扱うことで具体的に証明できるのが、遺品整理士なのだと思います。

そして遺族も、その仕事ぶりを見守ることで、そして思い出話を遺品整理士と共有することで、少しでも癒されてほしい。そう願います。

孤立死に陥らないために

孤独死の中でも、支援者が周りに一人もいなくなる孤立死の場合は、事情が少し違います。誰とも交流のない生き方が、そのまま死に方に表れてしまうからです。

ＮＨＫが二〇一〇年の一月に放送した「無縁社会――〝無縁死〟三万二千人の衝撃」と、その放送をもとにした同タイトルの書籍は、多くの日本人に文字どおり衝撃をもたらしました。ＮＨＫ独自の調査によると、身元不明の自殺と見られる死者や行き倒れ死など、行政上は「行旅死亡人」と称される死亡者数は、三万二千人にも上るという結果が出たというのです。ＮＨＫはこれを「無縁死」と名づけ、さらに「無縁死」予備軍となる、生活保護を受けながら一人で暮らしている高齢者をクローズアップしました。

無縁死も孤立死も、最近出てきた言葉なので棲み分けができているわけではないようですが、いずれにせよ遺品整理士がかかわることになるのは主に自宅での死亡です。身元が分かっていて縁者がいる場合は、大家さんなり行政なりがその人に連絡を取って来てもらうことになります。縁者がどうしても見つからない場合は、自治体の福祉担当者などが立ち会います。

遺品整理士から見ると、孤立死をしてしまう人たちの部屋には、ある特徴があります。ありていに言えば、散らかっているということ。膨大で整理されていないものの山がいくつも生じていて、特殊清掃はもちろん、遺品整理についても手こずることが多いのです。

中には何年も前の生鮮食品が出てくることも。冷蔵庫の中には賞味期限切れのものが詰め込まれ、キッチンには自炊した跡がないことがしばしばあります。トイレは汚物で汚れ、浴槽にもものがうずたかく積まれ、どうやって入浴していたのか分からないといった場合もあります。このような、生きる気力のようなものが感じられない暗い現場になってしまうのは、どうしてでしょうか。

セルフ・ネグレクトという新しい問題

ネグレクトという言葉をご存じでしょうか。通常は保護者となるべき側が、保護を受ける側に対して何のケアもしないことを言います。例えば児童に対してのネグレクトは、育児放棄や育児怠慢と言われ、食事を摂らせない、衣服や体を清潔に保つことを放棄するといったことが挙げられます。また介護者が高齢者をそのような状況に置くことは、高齢者虐待の一つとして知られています。

十年ほど前から医療福祉の分野で取り上げられるようになった「セルフ・ネグレクト」とは、そのような怠慢・無関心が自分自身に向けられることです。具体的には、お風呂に入らない、規則正しい生活をしない、きちんとした食事を摂らない、ごみを捨てず家の中を悪臭の漂うままにするなどがあります。自分を社会的な存在として保とうとしないので、当然周りの人との交流はなくなります。実際、引きこもってしまう人が大半です。

交流がなくなれば、身だしなみなどについて指摘してくれる人はいません。するとその状態が当たり前になってしまい、慣れればどんどん楽な方へ流れていきます。自分の状態を客観視できることがなければ、当事者意識が薄らいでいき、身だしなみには一向に構わなくなります。人を家に入れることもなくなり、ごみはどんどん溜まっていきます。果てにはごみ屋敷の住人ができあがってしまうのです。

このセルフ・ネグレクトの状態が、果ては孤立死に至るというのは想像に難くないでしょう。現に、十六年間東京都板橋区と北区で保健師として勤務した経験のある帝京大学の岸恵美子教授は、著書『ルポ　ゴミ屋敷に棲む人々』（幻冬舎新書）の中で「私が関係した研究では、孤立死に至った事例の約八割が、生前セルフ・ネグレクトであった」と書いています。岸氏は著書の中で、二〇一一年一月に起きた、大阪府豊中市のマンションの一室で女性二人が変死体で発見された事件に触れています。二人はもともと資産家の姉妹で、どちらも六十歳以上。極度にやせ細っており、餓死の可能性が高いと警察が判断しました。資産家が没落し、電気もガスも止められ、生活保護の申請もしていなかったとのこと。セルフ・ネグレクトは徐々に健康を蝕んでいき、極端な状態になると死に至ってしまうこともあるのです。その意味では、長い時間をかけた自殺と言ってもいいかもしれません。

このように、「セルフ・ネグレクト」と言うと、あたかもその人自身だけの問題であるように思えますが、遺品整理士が現場で遺族に会うと、疑問を覚えることがあると言います。遺族は例外なくこう言うのです。「こんなことになっているとは思わなかった」。

「やっぱり、こういうことになっていたのか」と言う人は滅多にいません。心当たりのある家族であれば、すでに策を講じているのです。つまり本人にも、その家族・親族にも、「セルフ・ネグレクトが問題視されている」というニュース自体が届いていないのではないでしょうか。徹底的な無関心に陥っているのは、本人だけではない。家族もまたしかり、なのです。遠く離れて一人で暮らす家族や親族に対して関心がないからこそ、何の情報もつかめず、ある日突然孤立死の現場に立たされることになってしまう。無意識のうちに、家族自身が、また家族に限らず周囲の人間が、その人についてネグレクトに陥っているからこそ、セルフ・ネグレクトが助長される場合があるのではないでしょうか。

セルフ・ネグレクトの中にも防ぎきれないケースはあります。認知症や精神疾患などです。しかし、本人が健康でかつ頼るべき人物がいるとすれば防ぐべきです。そのためには、周囲の努力が必要になってきます。本人がそれと自覚するのは難しいからです。

「まさか自分の親に限って」が一番危険

引きこもり、周囲との交流がなくなるという点だけを見ると、性格的に内にこもりがちな人がセルフ・ネグレクトに陥る危険性があるのでは？　という気もしてきます。それでは電話口ではいつも明るい声、近所との交流も盛ん、多趣味で行動的な人ならば、セルフ・ネグレクトにならなくても済むでしょうか。答えはノーです。そういった傾向は、ないと思った方が賢明です。

というのも、セルフ・ネグレクトに移行してしまうのには、何がきっかけとなるか分からないからです。大きな悲しみがその人の性格をガラッと変えてしまうことがあります。その中でも心配なのが、配偶者との死別です。例えば父親を亡くした直後、母親の気力がなくなってしまうのは当然のことです。それが分かっているときは頻繁に行き来したり、連絡を取ったりするでしょうが、月日がたてばその頻度も減ってきます。電話口から聞こえてくる母親の声は、以前と変わらず明るい。そのことにホッとしてしまえば、家にまで行って確認はしないでしょう。しかしもしかしたら、来訪者が滅多にない家の中は徐々に乱れてしまっているかもしれない。一緒に食べてくれる人がいなくて、自分のためだけにきちんとした料理をするのが面倒になっているかもしれない……。

何がきっかけでネグレクトになってしまうかは多種多様です。電話では子どもに心配をかけまいと、気丈に振る舞っているのかもしれません。また、家に来られるのが面倒になってしまって、わざと忙しそうにしている可能性もあります。

「自分の親は大丈夫だ」などとは思わず、来訪して確かめることが重要です。また電話においても、「面倒くさい」というワードが出てきたら注意しましょう。「片づけるのが面倒くさい」「外に出るのが面倒くさい」といった言い方が多くなってきたら、気をつけるべきです。

予兆があっても放っておけば、親はどんどん心を閉ざしていってしまいます。世界が狭くなり、視野狭窄《きょうさく》に陥るのです。すると簡単には人を信頼しなくなります。一度セルフ・ネグレクトの罠にはまってしまえば、そこから抜けだすのは容易ではありません。

地域のセーフティーネットなどが働きだすのは、問題が起こってからです。健康なうちから頻繁に声がけしたり、来訪したりすることができるのは、家族だけなのです。もちろん近所の人にも、少しは支えることができるかもしれません。しかし、いざというときに身内のような世話はできません。無理やり部屋に入れば不法侵入になり、思い切って周囲のごみを捨ててしまえばその人の財産を捨ててしまったことになり、救急車で運び入れても入院手続きのハンコ一つ押せません。

頼りになるのは、家族なのです。

普段から少しずつの交流を

セルフ・ネグレクトを防ぐには、自分を客観視できるような時間を増やすのが近道となります。内にこもりがちになってきた段階で、どういうきっかけを周囲の人々が与えてあげられるかにかかっていると言っても過言ではありません。ある程度進行してしまってからでは、もとに戻るのが難しいからです。

配偶者や親しくしていた人、ペットとの死別の後は特に注意が必要ですが、健康を害したときなども人は気分がふさぎがちになります。高齢者で特に多いのは腰や膝など関節のトラブル。若いころであれば「やっちゃったな。治るまで安静にしないと」などと気楽にとらえることができるぎっくり腰も、「もう治らないかもしれない」と絶望的な気分になってしまうのです。同居家族がいれば励ましてもらえるでしょうが、自分一人であれば思考がどんどん暗い方へ向かっていくでしょう。

どんなことがきっかけで内向的になるかは人それぞれですから、継続的に訪問して様子を見るのがいいでしょう。もちろん電話でもいいのですが、声からでは状況が分かりづらいので、ときには実際に訪れることが重要です。また、「何回か来てみたけれど、問題はなさそうだし、大丈夫だろう」と訪問を途切れさせてしまうよりは、少しの訪問でもいいので顔を見せることが重要です。ある程度まとまった期間、一人でいるという状況が危ないのです。

難しい人には行政の力を借りて歩み寄りを

とはいえ、「訪問するのが辛い親」がいることも事実です。アルコール依存症で暴力をふるう、暴言を吐くなどの理由で、他の家族を守るためにもやむなく訪問をやめてしまったというケースはあるでしょう。その状態が長く続いていれば、親はすでにセルフ・ネグレクトに足をつっ込みかけているかもしれません。そんなときは、第三者を交えましょう。

地域包括支援センターをご存じでしょうか。二〇〇五年の介護保険法で制定された、地域住民の保健福祉を向上させるための機関です。センターには社会福祉士、ケアマネージャー、保健師など福祉に関する専門的な仕事をする人々が常駐しています。デイサービスなど老人福祉施設とどう違うのかと言えば、問題の予防にあたるところです。福祉施設はすでに支援や介護などを必要とする人々に介護サービスなどを提供していますが、地域包括支援センターは要支援者が要介護にならないよう、またハイリスクグループと呼ばれる、要支援まであと一歩の状態にある高齢者を継続的にマネジメントするために働きかけます。

セルフ・ネグレクト予備軍は、言わば「孤立死予備軍」です。その支援はセンターの目的にかなっていることでしょう。「自分の家族のことなのに、他人様に相談するなんて」と思わず、民生委員や地域ボランティアを紹介してもらって、皆で見守る体制を整えましょう。

もし「まだ支援は必要ありませんね」と言われたとしても、情報を共有することが大事なのです。親は子だけとつながっているわけではありません。むしろ地域の構成員なのですから、住人の情報を渡すことは、地域福祉に役立つはずです。「こういう人がいる」ということを、民生委員やボランティアの皆さんに覚えていてもらうだけでも後が違います。

この方法は親子間に何ら問題がなくても、家が遠すぎて行き来できないといった状況のときにも有効となります。

すでにこもりがちになっていたなら

「面倒くさい」が口癖になった後、電話連絡なども減り、たびたび訪問を断られるようになったら、すでにセルフ・ネグレクトが進行しているかもしれません。一度閉じてしまった人の心をこじ開けるのはとても難しいことです。世界が狭くなると、信頼できる人も少なくなってしまいます。その世界を急激に変えることはできませんから、少しずつ歩み寄っていくことが必要です。

子である自分がダメなら、違う親族の誰かを向かわせる。それでダメなら、地域の福祉専門家に訪ねてもらう。そして最初は家に入れてもらえなくても、玄関先で十分だけ話をするなど、諦めないで働きかけを続けることが大事です。語りかけ、共感を持って接することで地道に信頼関係を築いていきます。

セルフ・ネグレクトになると、とにかく人格が変わったように頑固になり、自分の世界に執着し始めます。家族はそんな姿に戸惑い、悲しみ、怒り、あきれてしまうこともしばしばです。かかわりを持つ方が「面倒くさい」と、双方がネグレクトになってしまう危険性もあります。「その方が精神的にも楽だろう」と思われるかもしれません。しかし、遺品整理の悲しさを知っていると、その意見にうなずくことはとうていできません。

遠い親戚が心配な場合

これから多くなってくると思われるのが、「そういえば、あの人が頼れる親戚は私だけなのではないか」という事態です。親のきょうだいのうち、生き残ったのが未婚の単身者だけという場合や、離別により単身となった片親など。日ごろから交流を持っていない場合は、どんな暮らしをしているのか想像もつきません。

もちろん、地域の人たちと楽しく暮らしていればいいのです。しかしその状況がどう変わるかも分かりませんし、すでにのっぴきならない状況にまでセルフ・ネグレクトが進んでいるかもしれません。状況は分からないまでも、「気づく」ことは重要です。「そういえば」と気づき、「あの人はどうしているだろう」と関心を寄せる、そこから始めなければなりません。

気づいたところで、どうしたらよいか見当もつかないでしょう。しかし、もしもの場合は自分に一報が入るであろうことは事実で、逃れようがありません。孤立死では、アパートなどのオーナーが縁者探しをしても見つからず、遺品整理ができなくて困ってしまうということが生じています。相続関係がハッキリしないと荷物の整理ができないので、周りが迷惑している中でも手をつけられないからです。突然孤立死の現場に連れてこられ、膨大な金額を支払わなければならないといった事態を防ぐためにも、歩み寄りを始めておきましょう。

直接会うというのは難易度が高くても、手がかりを残すことはできます。効果的なのは年賀状です。紙として残るものは、なかなか捨てられないものです。それが残れば第三者が見つけてくれる可能性が高くなります。地道に毎年出してみましょう。

また緊急連絡先として、管理会社や近所、民生委員などに自分の情報を渡しておくのも一つの手です。

疎遠であればあるほど「どうして私がそんなことまで」と疑問を持たれることでしょう。しかし、親族である以上は誰でも、お世話をかけたりかけられたりするものです。思いがけない遺産が入ることもある、そんなことも、わずかな可能性ながら頭に入れておくとよいでしょう。

スタイルに合わせた見守りと生前整理を

「家族に迷惑をかけたくない」と願うのなら、孤独死・孤立死予防も生前整理のうちに入ります。それには家族や地域社会とのつながり、高齢者同士の支え合いなどが必要になってきます。しかし必要だと感じていても、なかなかつながりを持つことができない高齢者が多いようです。

内閣府が二〇一〇年に発表した「高齢者の地域におけるライフスタイルに関する調査」の結果では、孤独死を身近に感じる人は「まあまあ感じる」「非常に感じる」を合わせて四二・九%。大都市や中都市では五割近くになる一方、小都市や町村では約四割となっています。

五歳区切りの性・年齢別で見ると、男性では七十歳から七十四歳が四六・〇%、女性では六十歳から六十四歳が四八・五%と最も高い結果になりました。思いがけず妻に先立たれた夫が不安に感じ始め、妻は自分一人になった状態をあらかじめ想定して不安を感じているという図式が、そこに見て取れます。

孤独死を身近に感じるかに関する調査

	非常に感じる	まあまあ感じる	あまり感じない	まったく感じない	わからない	非常に感じる まあまあ感じる (計)
総数(3484)	16.6	26.3	36.1	19.7	1.4	42.9
男性(1620)	15.1	25.4	36.4	21.7	1.5	40.4
60〜64歳(437)	15.8	26.8	36.2	20.4	0.9	42.6
65〜69歳(421)	16.2	24.9	34.4	24.0	0.5	41.1
70〜74歳(352)	16.8	29.3	32.7	18.8	2.6	46.0
75〜79歳(258)	10.5	22.9	43.8	20.9	1.9	33.3
80歳以上(152)	13.8	17.8	38.8	27.0	2.6	31.6
女性(1864)	17.9	27.0	35.7	18.0	1.3	45.0
60〜64歳(489)	19.0	29.4	34.8	16.2	0.6	48.5
65〜69歳(467)	18.6	28.5	37.7	14.1	1.1	47.1
70〜74歳(399)	19.0	28.3	34.8	17.5	0.3	47.4
75〜79歳(294)	18.0	26.2	33.3	21.1	1.4	44.2
80歳以上(215)	11.6	17.2	38.6	27.4	5.1	28.8

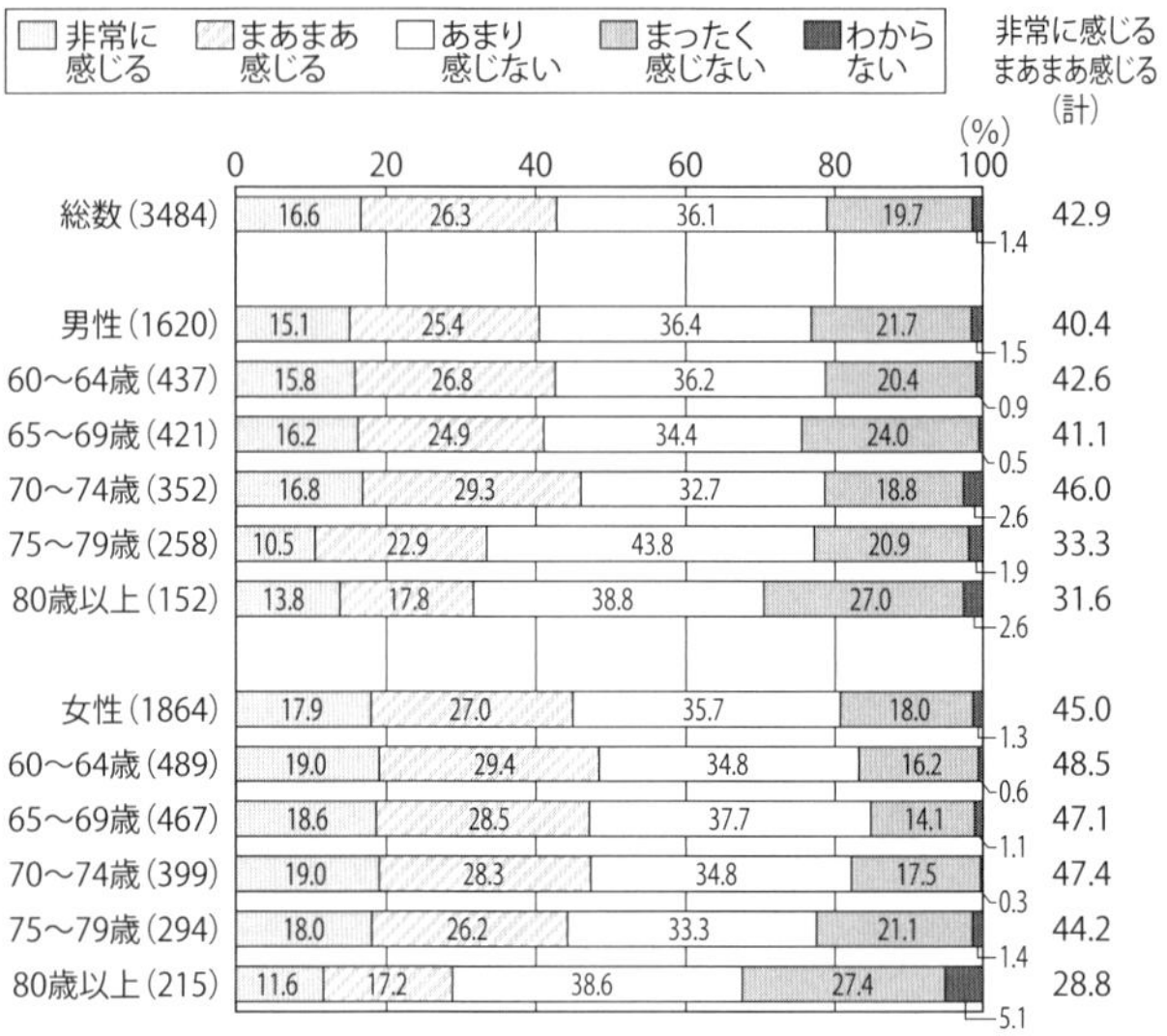

内閣府「平成21年度　高齢者の地域におけるライフスタイルに関する調査」より

しかし、「ちょっとした買いものやゴミ出し」「通院の送迎や外出の手助け」「話し相手や相談相手」といった、何かしらの手助けやサービスを誰もが受けられているかというと、そうではないというのが現状のようです。健康状態がよくない人のうち、手助けやサービスを必要と感じているのに受けていないという人は一二・二％。この一割あまりの遠慮や、どこに頼めばよいのか分からないといった知識不足、あるいは自分への無関心が孤独死につながっている

高齢者に対して実施している／実施したい手助け

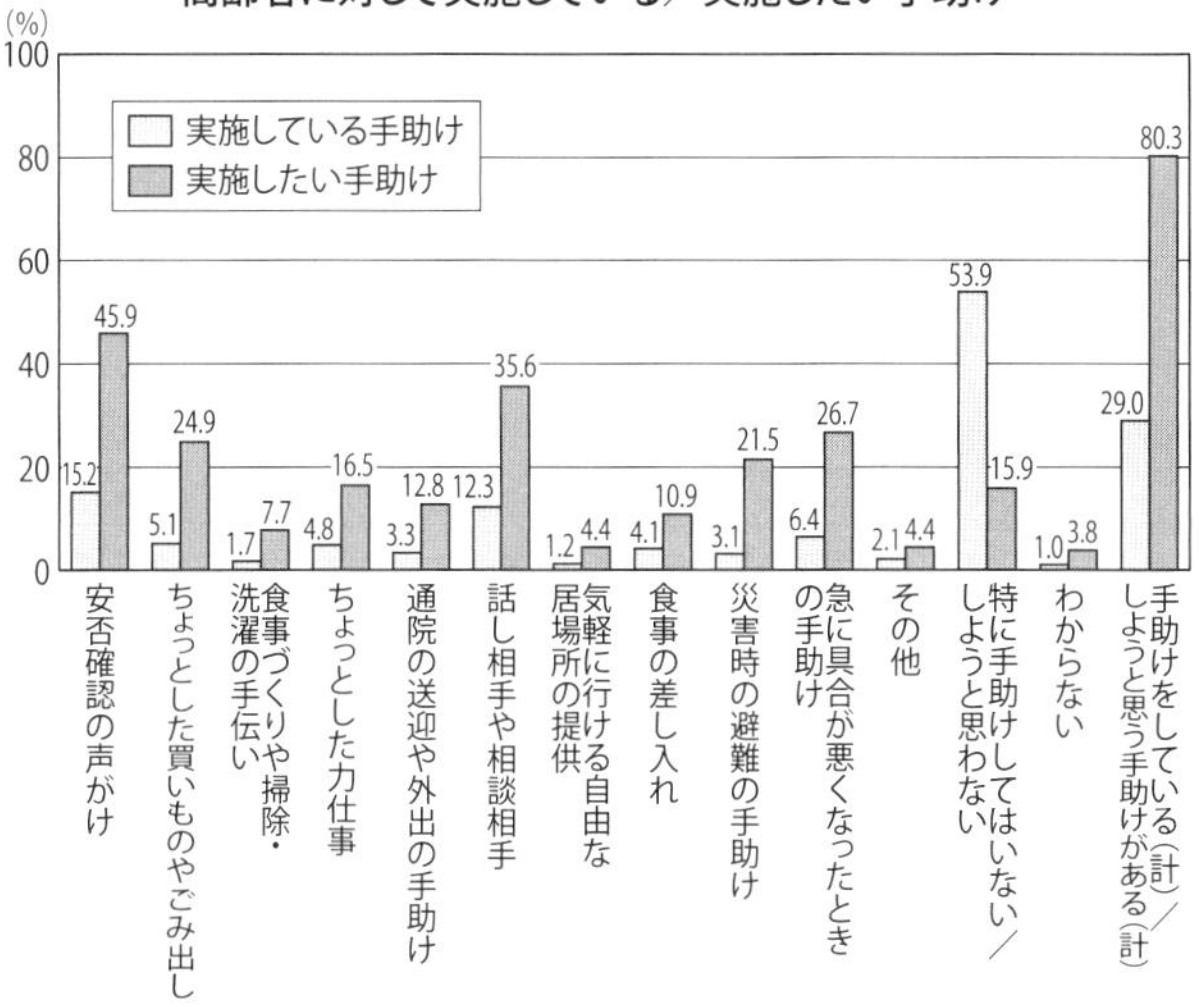

内閣府「平成21年度　高齢者の地域におけるライフスタイルに関する調査」より

と考えられます。

しかし同じ調査では、次のような結果も出ています。地域の困っている高齢者の家庭に対して、現在何らかの手助けをしている人は約三割、手助けをしたいと考えている人は約八割もいるのです。多くの人が地域のつながりの重要性を感じながらも実行できていない、困っている人に手を差し伸べたいのにどうしたらよいか分からず、もどかしく見ているだけの状況が浮き彫りになりました。

しかしこれは希望の光と見ていいでしょう。手を差し伸べたい人たちと手助けを求める高齢者、お互いの遠慮からあともう一歩だけ踏みだすことができれば、この国の高齢者を取り巻く状況は劇的に変わっていくものと感じます。

それはエンディングノートを書くことや、生前整理をはじめとする「終活」にも言えることでしょう。

介護について、終末について、相続について……今やインターネットや雑誌などでも情報が豊富で、「これからどうしたらよいか」を調べることは容易になってきています。ただ、「エンディングノートを手に入れたけれど、何から書いたらよいか分からない」とたんすの肥やしにしてしまう人が多いという話をよく聞くように、「自分自身のこれから」を考え、実行することは、まだまだ難しい。親のことであれば、それはなおさらのことだと思います。

しかし、材料はそろいつつあるのですから、今度はそれに具体性を持たせるだけとも言えるのです。豊富な情報の中で、「自分自身はどうしたいか」をじっくり吟味し、それぞれのスタイルに合わせた終活を進めていく。これからは高齢者のそんな姿を見ることができるでしょう。

個を尊重しながら地域のつながりを感じて生きる中で、生前整理もきっちりやり、遺品整理については家族に意志を伝えておく。最後まで自分らしく精一杯生き、そのうえで孤独死という結果になってしまっても、遺品整理士がその尊厳を損なわないようにサポートする。そんな社会の実現が、これから多死社会を迎えねばならない福祉国家にはふさわしいのではないでしょうか。

頑張って生前整理をしたとしても、免れないのが遺品整理。次章では、どうしても生じてしまう遺品整理について、どのように進めていくのがベストであるのかをご紹介していきます。

第四章　よい遺品整理とは

遺品整理をプロに頼むということ

生前整理である程度までものの量を減らしていたとしても、エンディングノートに遺品の始末についてすっかり書いていたとしても、やはり逃れられないのが遺品整理のたいへんさ。人間は、亡くなる時期がほぼ分かっていたとしても、何も持たず仙人のように暮らすわけにはいきません。最低限の日用品は必要になります。しかし、それですら一般の方がすべてを正しく手放すことは難しいでしょう。

例えば冷蔵庫一つ捨てるのでも、まずは中を空にしなければなりません。ケチャップやソース、缶詰の類は中身をすべて出し、容器を洗って分別します。それを考えただけでも、相当な時間がかかることが分かるでしょう。そして当然のことながら、大きな冷蔵庫は一人では運べません。

遺品整理士がいれば、分別のことも重さのことも気にしなくて済みます。それに、処分に迷ってしまったときにはプロが助けてくれます。冷蔵庫の処分に迷うことはあまりないでしょうが、例えば思い出が詰まっているけれど手放さなければならないソファセット、たんす、鏡台などの大物が出てくることもあるかと思われます。亡くなるときまで手放せなかったものこそ、亡くなってからもやはり手放しづらいということがあるでしょう。

そんなとき、遺品整理士であればたくさんの知恵を持ち合わせています。例えば写真を撮っておいたり、ソファであれば生地の一部を切り取ったり、たんすや鏡台であれば部品の中の一つを記念に持っておいては、といったアドバイスができることでしょう。迷いのあった遺族も、プロに気持ちの落ち着け方を訊いて心から納得することができれば、安心して手放せるのではないでしょうか。

さらに、探しものをするときには、遺品整理士はとても頼もしい相棒となるでしょう。第二章でも示したように、プロは一般の人が想像もつかないくらい鼻がききますから、かなりの高確率で探しものを見つけることができます。優秀な遺品整理士は、名探偵であると言ってもいいかもしれません。

とは言え、プロに任せようと決意しても、いざ遺品整理士を選ぶ段階になると、どのような選び方をしたらよいものか分からない方がほとんどでしょう。ここからは、よりよい遺品整理士の選び方についてお話ししていきます。

金・もの・心のトラブルに発展させないために

第一章でも示したとおり、遺品整理についてのトラブルは三つに分かれます。「金・もの・心のトラブル」「不法投棄」「不正買い取り」です。このうち不法投棄と不正買い取りという、依頼者からは見えないトラブルについてはすでに言及しました。ここからは、依頼者が直接矢面に立たされる、金・もの・心のトラブルについて、予防法をお伝えしていきます。

遺品整理に限らずですが、不用品回収や査定をする業者とのトラブルは年々増えています。国民生活センターの集計によると、不用品回収に関しては二〇〇二年度に一四一件だったのが二〇一三年度で一三七九件とおよそ十倍、貴金属などの訪問買い取りについては、二〇〇九年度に一三八件だったのが二〇一三年度で二五五三件と、およそ二十倍にもなっています。それほど不用品回収や査定のニーズが高まり、悪徳業者の情報が表に出やすくなってきたと言うべきでしょう。

業者選びには慎重にならなければなりませんが、いくら気をつけていても、こればかりは出会いとしか言いようがありません。当協会にご連絡をいただければ、もちろん信用できる遺品整理士をご紹介できますが、「知人から紹介してもらったところと比べてみたい」「自分の目で見定めたい」という方もいることと思います。そんなとき、どうしたらよいかをお伝えします。

トラブルの実例から傾向を読み取る

二〇一四年四月に国民生活センターが受け付けたトラブル実例、およそ二五〇件分が手もとにあります。遺品整理に限らず不用品回収についてのトラブル事例ですが、それを見ていると、トラブルには大きな三つの傾向があることが分かります。

一つ目は、**連絡ができないことでトラブルに至るケース**。

「先ほど廃品回収業者から電話があり、明日来てもらう約束をした。その後、やはり断りたいと思ったが連絡先が分からない」

「母が廃品回収業者から電話で勧誘を受け、廃品回収の依頼をしていた。業者名、連絡先など分からないうえ料金が心配。断れるか」

「町内を『使わない家電品を無料で回収します』とトラックで回る業者に金庫の回収を頼んだが断りたい。連絡先が分からない」

急に訪問したり電話をし、「不用品はあるか」と聞き、「ある」と答えると「それでは伺います」などと言って一度退散したり、電話を切る。あとから不安になってキャンセルしたいと思っても連絡先が分からないというケースです。

電話を切ってすぐに不安になるのであればまだ実害には及びませんが、高齢者が独断してしまい、その場で回収してもらってお金を払う、または査定してもらってお金をもらうというやりとりに発展するケースもあります。後に家族がそれを知って「処分料金が高すぎる」「査定額が安すぎる」と騒いでも訴えるべき相手の連絡先が分からないのでは、怒りのやり場もありません。

また「独居の父が古着回収業者からの電話で訪問を許す約束をした。断ろうと電話をかけても通じない」「電話がかかり『不用品を引き取る』と言われたので一週間後に約束した。電話をかけても話し中ばかりで信用できなくなり断りたい」などと、電話番号は知らせても、その電話にいくらかけても出ないという苦情も数多く寄せられています。どう考えても、これは意図のある行為でしょう。

二つ目は、**無料と書いてあるのに無料ではないケース**。

「見積もり無料という投げ込みチラシを見て、廃品回収業者を自宅に呼び見積もりを依頼したが、査定料を取られた」

「パソコン無料回収をうたう業者に回収依頼したら『無料のわけがない』とひどい言い方をされた」

「不用品の処分費一〇〇％無料という投げ込み広告を見て業者を呼んだ。冷蔵庫の処分を頼むとリサイクル料を請求された。表示改善希望」

「無料」とうたっている業者に声をかけたところ、「処分料金はいただきます」などと言われ、お金を支払うことになったというケースです。これに関する答えは簡単です。「無料」をうたい文句にする業者には、近づかないことです。処分料金は必ず発生しますから、無料というのはあり得ないこと。もし使える部品だけを何かに流用するからだという理由であれば、依頼者への説明責任も、還元も果たしていません。リサイクル品として流通させるのであっても、依頼者へ還元がなければならず、とにもかくにも、ゼロ円で買い取るという行為は矛盾に満ちています。

三つ目は、**見積もりの倍額以上を取られてしまう**。

「投げ込みチラシの業者に電話し、たんすや本棚などの引き取りを依頼。六万円の見積もりが当日二十万円と言われ断ったが、結局十三万六千五百円支払った」

「高齢の伯母が電話帳で探した業者に不用品回収を依頼。軽トラ一杯で当初五十万円を請求され、二十五万円まで交渉、支払ったらしい」

「電話ではたんす四竿の引き取り二万五千円と言われたので依頼したが、当日二十〜三十万円という。解約すると一万円請求され払った」

実際に数字を見てみると、とんでもない請求だということがお分かりかと思います。五十万円が二十五万円に、というのは、最終的に値引きできたからいいものの、日本ではおよそ考えられない交渉ではないでしょうか。また「一人暮らしの高齢の伯父が不用品回収の契約を五百五十万円でしていた」というとんでもない話もあります。どのような家なのか、この情報だけでは分かりませんが、およそあり得ない金額です。

このようなトラブルに陥らないために、どのようなことをすればよいか、順を追って説明していきましょう。

まずは自分の金銭感覚を再確認

多くの人が、遺品整理を依頼するのは葬儀が終わり、相続関係が一段落したときかと思います。「ある程度のことは終わった」と思っている方がほとんどです。そのため、どうしても業者選びが甘くなってしまうかもしれませんが、遺品整理というのは本当に最後の大仕事。「葬儀は人生の集大成」とよく言われますが、それと対比させるとすれば「遺品整理は故人との思い出の集大成」です。ある意味、葬儀のときよりも慎重にならなければいけないのです。

まずは自分の金銭感覚が、日常のものとかけ離れていないかを疑ってみてください。葬儀や墓などで大きい出費に慣れている時期ですから、チラシなどで知った業者に連絡を取って見積もりをもらったとき、「何だ、それくらいの金額か」と思ってしまうかもしれません。そのような感覚のままでいると、少し高めの見積もりでもOKを出してしまいます。消費者としてのシビアな目を取り戻しておきましょう。確かに遺品整理はお金がかかるものですが、何十万円という出費が高くないわけはありません。より慎重に進めるために、これを再確認しておいてほしいのです。

自分の目を信用しきれないと思うのなら、親戚や近隣の第三者に相談するのも一つの手です。できれば遺品整理の経験がある人の方がよいでしょう。近隣の方が、もし自分の経験した遺品整理に満足しているのであれば、そのとき世話になった業者を紹介してくれるはずです。

ただ、そのような場合も、「紹介してもらったのだから」と即決してしまうことなく、見積もりや他社との比較を忘れてはなりません。「はじめに」で書いたとおり、私は身内の紹介を受けて便利屋さんにお任せし、悲しい結果となりました。身近な人に示された好意だからといって素直に受け取ることが、よい結果につながるとは限らないのです。自分で責任を持って、業者を見定めましょう。

よい業者の見分け方

最初の電話と見積もり時の対応だけで、よい業者かどうかを見分けなければなりません。次に十一のチェック項目を挙げました。できればすべて該当するところが望ましいですが、最低でも七つはクリアしているところを選びましょう。六つ以下のところは、よくよく考えて依頼された方がよいと思われます。

□　1　ホームページの内容は分かりやすいか

□　2　電話対応が丁寧か
□　3　遺族への思いやりを言葉の端に感じるか
□　4　迅速な対応をしてくれたか
□　5　見積もり来訪時、身だしなみはきちんとしていたか
□　6　会社の制服があるか
□　7　パンフレットやチラシに仕事の流れが書いてあるか
□　8　見積書や名刺に許可番号や所在地などを明記しているか
□　9　見積書では料金項目が詳細に記されているか
□　10　会社名義の銀行口座を保有しているか
□　11　見積もり来訪で、不安をすべて解消してくれたか

1　ホームページの内容は分かりやすいか

業者を選ぶ際、今ではインターネットを利用する方が多いと思われます。窓口となるホームページにどれほどの情報量があるか、分かりやすい表現になっているかが、業者選びの一つのポイントになります。

「あ、ここに頼んでみたいな」と思わせるようなホームページ作りをしているところ、ということになりますから、自然に「ここに見積もりを依頼しよう」という気になったならば、これはクリアしていると言えるでしょう。

新聞折り込み、あるいは投げ込みチラシを見て「信用できるのだろうか」と迷った場合、ひとまず業者名でホームページを検索してみてください。簡素でもちゃんとした作りのホームページがあり、会社概要に所在地や電話番号が載っているでしょうか。また、「一般廃棄物処理ができる」としているのなら許可番号、「買い取ります」とあるなら古物商の許可を明示しているでしょうか。それらがあれば、第一段階はクリア。

それに加え、お客様を第一に考えるような業者であれば、業務の流れを絵や写真で示すような工夫をしていることでしょう。依頼から見積もり、作業内容、支払方法についてまでの流れを詳しく書いてあるところが理想的です。また部屋や家の大きさに応じた金額の目安についてなど、「どんなことをしてくれるのか」「いくらになるのか」といった、依頼者が疑問に思うようなことを解消できるページ作りをしているところが望ましいと言えます。

2　電話対応が丁寧か

とても基本的なことです。社名や担当者の名前を言わなかったり、問い合わせに対してお礼の言葉がなかったり、ぞんざいな対応をするようなところは、仕事ぶりもぞんざいに違いありません。

その電話で見積もりを依頼して、次に問い合わせたときに社名も担当者の名前も分からないのでは困ってしまうでしょう。そのような当たり前なことに気づけないのは、社会人としてのマナーすらわきまえていないと言えます。

3　遺族への思いやりを言葉の端に感じるか

遺品整理の依頼ですから、お悔やみの言葉があるのが当然です。日ごろ、通常の引っ越しや不用品回収の仕事が多い業者の場合は、こういった思いやりを忘れているかもしれません。通常の回収と遺品整理との違いを認識できるかが、遺品整理士としてふさわしいか、そうでないかの違いです。思いやりの欠如は、やはり仕事ぶりにも表れてしまうものです。

遺品を粗雑に扱われ、心に傷を負いたくなければ、「不用品の回収をお願いします」と伝えるのではなく、「実は家族が亡くなりまして、遺品を整理したいのです」と告げてみましょう。それでもビジネスライクな態度を崩さなかったり、明るすぎたりといった対応をされるのであれば、その業者はやめておいた方が賢明です。自分の心を守りましょう。

4 迅速な対応をしてくれたか

遺品整理は依頼者側に時間の余裕がないことがほとんどです。働き盛りで有休を取って親の家を訪れたという場合、極端な例であれば見積もり期間を含めて二日しかないなどということもあります。業者側の仕事が重なってしまってスケジュールが合わないというときは仕方がないですが、ここで言う「迅速な対応」とは、もっと基礎的なことです。

例えば依頼者が電話をしたときにすぐ応答ができなくても、数時間以内に折り返す、いつなら連絡可能であると伝える、などの基本的なやりとりができない。そんな業者は避けた方がよいでしょう。作業当日もルーズな仕事をする可能性がありますし、何より依頼者がどういう状況にあるかを想像することもできないようでは、心のこもった遺品整理はできそうにありません。

5 見積もり来訪時、身だしなみはきちんとしていたか

これも、印象を受け取る側がどういう気持ちになるかを察することができていれば難なくクリアする項目ですが、不用品を処理するため汗だくになって働いていると、自分を客観視できず、ほこりにまみれた作業着のままで依頼者のもとへ伺ってしまう業者もいないとは言えないのです。

仕事に一生懸命なのはいいことですが、それで周りが見えなくなってしまうのは問題です。実際の作業時にも、その影響は現れてくると思われます。遺品整理士が向き合わなければならないのは、ものではなく、人です。またはものの奥に隠された人の気持ちです。依頼者を何よりも大事なお客様と見ていれば、最低限のマナーをふまえた身なりはできるはず。来訪時の第一印象は大事にしてください。

優秀な引っ越し屋さんなどでは、新居に入る前に靴下を履き替えるところまであると聞きます。遺品整理士にも、そのような心配りが欲しいところです。

6　会社の制服があるか

複数での来訪となった場合は、ぜひ服装を見てください。全員がおそろいのジャンパーや作業着など、会社の制服を着ているのが理想的です。お客様に安心してもらいたいと思えば、しっかりした会社を作りますし、その中で制服を作るという考えも出てくるのは当然のこと。

アルバイトは私服だとしても、奇抜な髪色は控え、服装についても黒いTシャツにチノパンなど色や素材をそろえているところは、その気配りがあると言えるでしょう。

7　パンフレットやチラシに仕事の流れが書いてあるか

ホームページのくだりでも触れましたが、依頼者へ仕事の流れを明確に示す材料を用意しているかどうかが、判断材料の一つとなります。インターネットを使えないお客様のためにも、紙媒体ですべての不安に答えられるようなツールを活用しているかどうかが、一つの判断材料になるでしょう。

8　見積書や名刺に許可番号や所在地などを明記しているか

「そんなことは当たり前だろう」とおっしゃる方もいると思われます。しかし、こんな基本的なこともできていないところがあるのが、この業界の現状です。依頼者があとで悪質だと気づいてもクレームを入れることができないよう、トラブルありきで動くような業者は、所在地を掲載していなかったり、電話番号がなかったりするのが特徴です。

名刺を渡されたらじっくり目を通しましょう。もちろん名刺がないなど言語道断です。

9　見積書では料金項目が詳細に記されているか

見積書を発行してもらったら、金額はもちろんのことですが、項目がきちんと分かれているかを確認してください。最低でも「人件費」「廃棄物処理費」「清掃費」、以上三項目の内訳があれば仕事内容がイメージしやすいかと思います。書類の作り方にも、仕事への姿勢が表れるものです。依頼する側が納得しやすい見積もり作りを心がけているところを選びましょう。

見積もり項目がない場合は、ざっくりとした計算しかできていないということになります。つまり作業後に「こんなに時間がかかるとは思わなかった」「思いがけず多量であった」など、見込み違いを理由に見積もり額よりも高い金額を要求されるかもしれません。実際に現場を見せて見積もってもらっているのだから、見積もり額より一円でも高ければ「高額請求」と見なしましょう。

また、見積もり項目がなく簡単な作りの見積書で、総額が他の業者に比べて破格に安い場合は、不法投棄が疑われます。どう考えても人員の日当くらいにしかならないのではと思えるくらい明らかに安いところは、廃棄の料金を抜いてしまっている可能性があります。そのようなところは、やめておいた方がよいでしょう。

10　会社名義の銀行口座を保有しているか

これまた当たり前ではないかと思われる方が多いでしょう。本当に情けなくなりますが、実際にあるのだから告白せざるを得ません。銀行口座を会社名義で作れない会社とは、どういうところでしょうか。一つ考えられるのが、バーチャル・オフィスの可能性です。便宜的な所在地はあっても実際に入居することなく、電話はオペレーターが受け、郵便物は転送で済ませるような会社のことで、あたかも実在しているかのように見せかけることができます。

このようなバーチャル・オフィスは、インターネットだけで営業のすべてが済んでしまう起業家が利用することもありますが、詐欺会社の危険性も高まるため、銀行の口座開設がなかなかできません。つまり会社の実体がないと見なされてしまうようなところである、ということです。遺品整理士は、もちろんインターネットで完結するような職業ではないため、なおさら怪しいと言えるでしょう。

現金決済の場合は見積書に振り込み先を書いていないこともあるでしょうが、「振り込みも可能ですか」などと訊いてさりげなく探ってみましょう。

11　見積もり来訪で、不安をすべて解消してくれたか

仕事が立て込んでいる業者の場合は、慌ただしい見積もりとなりがちです。商売繁盛は信頼されていることの表れですが、忙しい中でも遺族を思いやる気持ちがあるかどうかが試されます。業者にとっては日常でも、遺族には一生に何度あるか、という大事なこと。それが理解できていれば、三十分程度は家にとどまり、遺族の不安を解消するため話を聞いたり、また見逃しがちな点についてアドバイスをしたりとコミュニケーションを図ってくれるはずです。

十分程度で見積もりだけを済ませ、遺族が不安な表情をしていても風のように去っていってしまうのでは、手際はいいかもしれませんが思いやりに欠けていると言わざるを得ません。

遺品整理業界における最近の傾向として、特に引っ越し業などを母体とした新規参入者

が破格の安値を提示し、積み上げてきたノウハウを駆使して業務を請け負うというケースが多く見られます。価格競争は依頼者のためにもなるので何よりですが、安くすればするほど回転率を上げなければ儲けが出ません。一日に二回転させるという業者もあります。そのような素早さでは、立ち会う遺族にはまるで「台風一過」のような印象しか残りません。気持ちは置いてきぼりになってしまうでしょう。

見積もりの際に手際がよすぎるような業者は、当日も配慮を欠いた作業を進める可能性があります。見積もりでのやりとりは、何より直接に人柄を見るチャンスと心得、いろいろな質問をぶつけてみましょう。

以上のように、基本的には依頼者の側に立てばクリアできることばかりです。すべてにおいて十分な説明をしてくれ、安心を与えてくれる業者を選びましょう。

トラブルを回避するために

よい業者を見分けると同時に、トラブルにならないよう少しの工夫をすることで、より安心な遺品整理となります。こちらについても、チェック項目を挙げてみましょう。

□　1　相見積もりを取る
□　2　親族や近所の方など第三者を交える
□　3　見積もり以外のことを当日急に頼まない
□　4　現状の写真を撮影しておく
□　5　キャンセル料金について訊いておく
□　6　賃貸の場合は備品か私物かを確実にチェックしておく
□　7　相続を済ませておく

1　相見積もりを取る

少なくとも二社に見積もりを依頼します。できれば三社、四社と見積もりを取りたいところではありますが、遺品整理は引っ越しなどと同じように立ち会いでの現場見積もりが基本です。一業者に見てもらうのでも三十分以上はかかってしまいますから、そもそも依頼者が忙しく自分で遺品整理をする時間がないという場合は、多大な負担になってしまいます。

当協会のホームページには、会社ぐるみで当協会の理念に賛同してくれている法人会員のリストが掲載されていますので、参考にしていただければと思います。もし、法人会員の会社がお近くにないようでしたら、お電話をいただければ、遺品整理士が在籍している会社をご紹介できます。一社だけでは不安な場合は、例えば親族や近隣の方が依頼して満足できたなど、口コミで評判のよいところにも相談して相見積もりを取りましょう。

当協会からの紹介、口コミ、大手、古くから近所にいる便利屋さんなど、少しずつ性格の違うところに見積もりを依頼すると、価格はばらつく可能性がありますが、比較のしがいがあるかと思われます。

2 親族や近所の方など第三者を交える

高齢者や女性の場合は特に、一人で見積もりに臨むのはなるべく控えましょう。親族や近所の方などにお願いして、見積もりの日、そして作業当日に同席してもらいます。ただいてもらうだけでも、貴重品があるから入らないでほしいと言ったところに業者が立ち入っていないか、依頼していないものを持ち去っていないかなど、チェック機能を高めることができます。複数の証人がいれば、「言った」「言わない」のトラブルを防ぐこともできるでしょう。

3　見積もり以外のことを当日急に頼まない

作業金額が見積もりよりも大きく膨らんでしまう要因の一つに、見積もり時には見落としていたものを当日に追加依頼してしまうということがあります。見落としてしまうものは、言葉どおり見えないところにありますから、押し入れの天袋など高いところ、および床下収納、家の軒下など低いところは意識してチェックしましょう。そうやって出てきたようなもののうち、必要なものが紛れていることはとても珍しく、結局処分を依頼せざるを得ない可能性が高いでしょう。つまり確実に処理料金が発生するものです。

また、トランクルームや倉庫、車庫などは、家の中の見積もりに集中するあまり、存在自体を忘れてしまうことが多々あるようです。家を引き払わなければならないのなら、敷地全体をきれいにしなければならないはず。取りこぼしがないように、見積もり時に業者と一緒に敷地を見回れば双方ともに安心です。

4　現状の写真を撮影しておく

これは見積もり時と違う仕事を依頼されたときのトラブルを防ぐため、業者側が日常的に行っていることです。無理を強いられて泣き寝入りせざるを得ない状況に陥る可能性があるのは、依頼者だけではありません。作業当日、急にものが増えたなという印象があっても「いや、前と一緒ですよ」と依頼者に押し切られてしまうことがないよう、業者は見積もり時の現状を証拠写真として撮っておくのです。

依頼者の方でも、大事なものがなくなるなど、疑わざるを得ない状況を作り出さないために、大事な場所については写真を撮っておきましょう。またそれを業者に伝えておくことが重要ですが、「間違いのないよう、撮影しておきましたからね」などと、最初から疑っているような口調で伝えては気持ちよく仕事をしてもらえないでしょうから、「作業前と作業後を比べるため、私の方でも撮影しておきました」など、カドの立たないような言いぶりでさりげなく牽制をするのがベストです。

5　キャンセル料金について訊いておく

見積もりに来てもらう前、最初に電話などでコンタクトしたときに、見積もりは無料かということと併せて、ぜひ確認しておきたい項目です。「見積もりに来てもらったが、やめたい」「日程を変更したい」と連絡をしたときに突然キャンセル料が発生したのでは困ってしまいます。

特に業者側がレッカー車などを手配してしまった後であれば、確実にキャンセル料が発生します。作業日の何日前からキャンセル料が発生するのか、業者から何の説明もなくとも、依頼者の方からたずねておきましょう。

6　賃貸の場合は備品か私物かを確実にチェックしておく

「すべて撤去してください」と言われれば、備えつけの湯沸かし器や風呂釜も外してしまうのが業者の仕事です。賃貸物件では契約書を業者にも見てもらい、行き違いがないよう作業前に打ち合わせしましょう。賃貸と言った時点で湯沸かし器や風呂釜については注意するでしょうが、よく間違えられるのがエアコンなどの家電や電気のシェード、蛍光灯といった備品です。契約書にはない事項もあるかもしれません。どこかのタイミングで大家さんに来てもらい、よく打ち合わせしましょう。できれば、三者が同時に立ち会い、じっくり確認するのがベストです。

7 相続を済ませておく

遺品整理は、相続がすべて終わってから進めることです。「他の遺族が相続するはずの貴金属を、うっかり売却してしまった」などのトラブルを発生させないためにも、形見分けについてはきちんと解決させておきましょう。

また、遺産がマイナスのときは相続放棄をする人も多いですが、手続き前に部屋の整理をしてしまうと、相続放棄は取り消される可能性があります。

相続放棄とは、「私は相続人ではない」という立場を示すことです。すると、故人の財産を処分する権利はないわけですから、あえて遺品整理を行えば「相続の意志がある」と見なされることもあるのです。

厳しいことと思われるかもしれませんが、そうでなければ貴金属を売ってお金にしてから残りのものを放棄するということも可能になってしまうでしょう。もし相続放棄の前にこのような悪意ある遺品整理をしてしまったら、詐欺罪に問われる可能性もあるのです。

ただ、相続問題が済んでいなくても遺品整理をしなければならない差し迫った状況は存在します。孤独死の現場です。どうしても相続放棄をしたいけれど、近隣のためにも、大家さんのためにも作業自体は進めておかなければならない。そんなときは弁護士など、専門家に相談しながら進めることが大事になってくるでしょう。遺品整理を始めるときから専門家に立ち会ってもらい、後に不要なトラブルを生みださないよう、知恵を借りながら作業をしましょう。

以上、遺品整理は依頼人を守るためにも、様々なところに気を配らなければならないことをお分かりいただけたかと思います。さらに、当協会を通して遺品整理士をご紹介させていただければ、もう一つチェック機能が増えることになるでしょう。当協会では作業が終わったころに、業者と依頼者、どちらにも確認の電話を入れ、満足していただいたか、困ったことが生じなかったか、必ず話を聞くようにしています。

信頼できる査定士とは

買い取りも遺品整理にとって大きな比重を占めるようになってきました。遺品整理士に相談すれば、なじみの査定士を紹介してくれるでしょうが、査定は遺品整理の前に済ませておくという方も多いかと思われます。基本的に、査定士の質を見極めるのは素人にはたいへん難しいことです。人柄を自分の目で見て判断しなければなりませんが、その他に参考にしていただきたいポイントを挙げてみましょう。

□　1　貴金属については手数料の話までしてくれるか

□　2　査定後の流れを説明してくれるか

□　3　査定に自信がない場合は正直に言ってくれるか

1　貴金属については手数料の話までしてくれるか

貴金属の買い取りについては、もともと価格が決まっています。金、銀、プラチナであれば東京商品取引所を中心に、買い取り市場価格などが決められていますし、ダイヤモンドも重量、透明度などによってだいたいの相場が決まっているものです。

そういった相場について依頼者に説明したうえで、「傷がありますから、このくらいの買い取り額になるでしょう」「一〇〇％で買い取りをするわけにはいきませんから、手数料としてこれだけいただけませんでしょうか」などと詳しく説明をしてくれる査定士が理想的と言えます。ただ、説明しなければならないと決まっているわけではありませんから、査定士の側からは言いださないかもしれません。質問したときにどの程度を答えてくれるかが肝心になってくるでしょう。

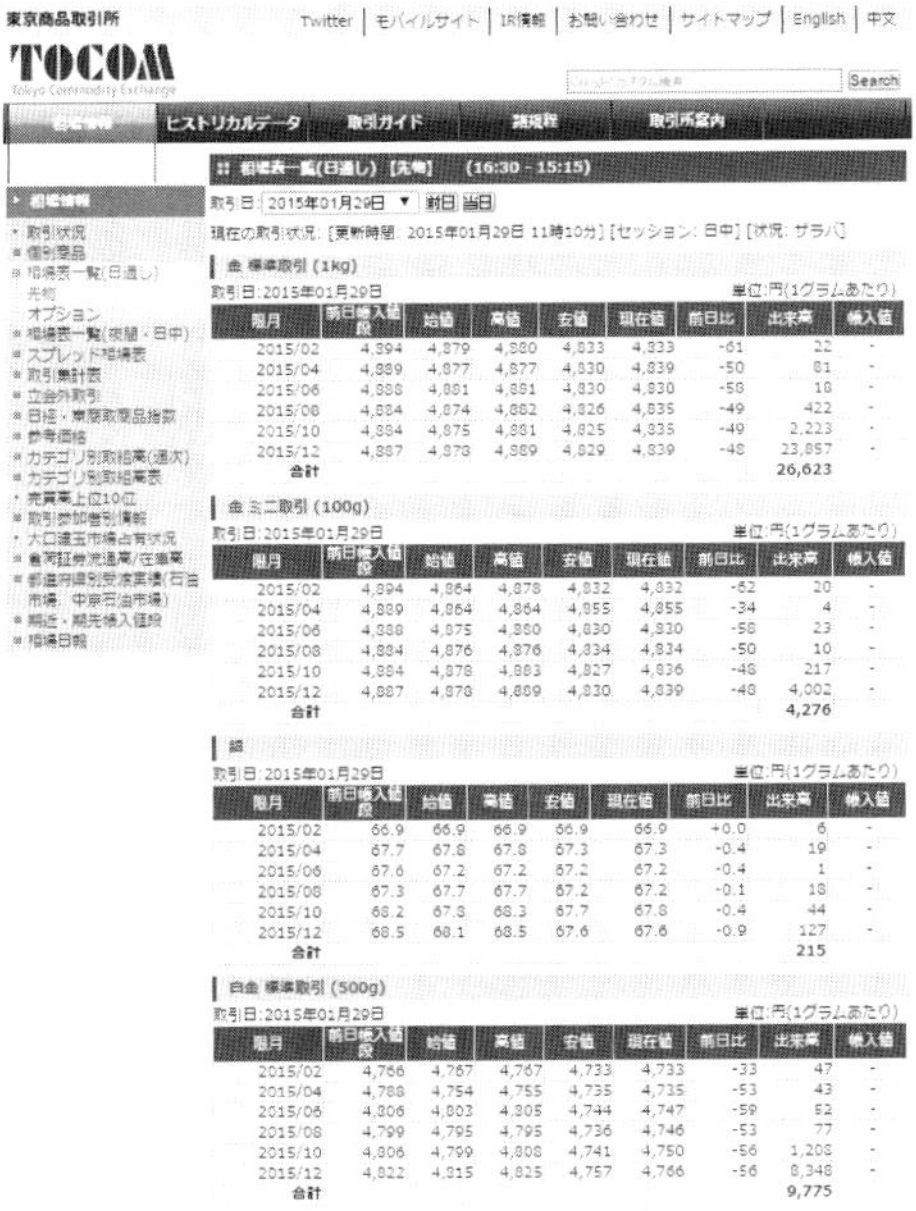

東京商品取引所 Twitter ｜モバイルサイト｜IR情報｜お問い合わせ｜サイトマップ｜English｜中文

TOCOM Tokyo Commodity Exchange

ヒストリカルデータ　取引ガイド　諸規程　取引所案内

相場表一覧(日通し) [先物] (16:30 - 15:15)

取引日: 2015年01月29日 前日 当日

現在の取引状況: [更新時間: 2015年01月29日 11時10分] [セッション: 日中] [状況: ザラバ]

金 標準取引 (1kg)

取引日:2015年01月29日　単位:円(1グラムあたり)

限月	前日帳入値段	始値	高値	安値	現在値	前日比	出来高	帳入値
2015/02	4,894	4,879	4,880	4,833	4,833	-61	22	-
2015/04	4,889	4,877	4,877	4,830	4,839	-50	81	-
2015/06	4,888	4,881	4,881	4,830	4,830	-58	18	-
2015/08	4,884	4,874	4,882	4,826	4,835	-49	422	-
2015/10	4,884	4,875	4,881	4,825	4,835	-49	2,223	-
2015/12	4,887	4,878	4,889	4,829	4,839	-48	23,857	-
合計							26,623	

金 ミニ取引 (100g)

取引日:2015年01月29日　単位:円(1グラムあたり)

限月	前日帳入値段	始値	高値	安値	現在値	前日比	出来高	帳入値
2015/02	4,894	4,864	4,878	4,832	4,832	-62	20	-
2015/04	4,889	4,864	4,864	4,855	4,855	-34	4	-
2015/06	4,888	4,875	4,880	4,830	4,830	-58	23	-
2015/08	4,884	4,876	4,876	4,834	4,834	-50	10	-
2015/10	4,884	4,878	4,883	4,827	4,836	-48	217	-
2015/12	4,887	4,878	4,889	4,830	4,839	-48	4,002	-
合計							4,276	

銀

取引日:2015年01月29日　単位:円(1グラムあたり)

限月	前日帳入値段	始値	高値	安値	現在値	前日比	出来高	帳入値
2015/02	66.9	66.9	66.9	66.9	66.9	+0.0	6	-
2015/04	67.7	67.8	67.8	67.3	67.3	-0.4	19	-
2015/06	67.6	67.2	67.2	67.2	67.2	-0.4	1	-
2015/08	67.3	67.7	67.7	67.2	67.2	-0.1	18	-
2015/10	68.2	67.8	68.3	67.7	67.8	-0.4	44	-
2015/12	68.5	68.1	68.5	67.6	67.6	-0.9	127	-
合計							215	

白金 標準取引 (500g)

取引日:2015年01月29日　単位:円(1グラムあたり)

限月	前日帳入値段	始値	高値	安値	現在値	前日比	出来高	帳入値
2015/02	4,766	4,767	4,767	4,733	4,733	-33	47	-
2015/04	4,788	4,754	4,755	4,735	4,735	-53	43	-
2015/06	4,806	4,803	4,805	4,744	4,747	-59	52	-
2015/08	4,799	4,795	4,795	4,736	4,746	-53	77	-
2015/10	4,806	4,799	4,808	4,741	4,750	-56	1,208	-
2015/12	4,822	4,815	4,825	4,757	4,766	-56	8,348	-
合計							9,775	

刻々と変わる貴金属相場は、東京商品取引所のウェブサイトでも確認できる（東京商品取引所ウェブサイト http://www.tocom.or.jp/jp/souba/all/index.html より、2015年１月29日キャプチャ）

2　査定後の流れを説明してくれるか

他業者との取引の後については、査定士にも分からない場合が多いので仕方ありませんが、今ではインターネットのオークションを利用して販売をする査定士も多数います。その場合、「お預かりして、このオークションサイトに出品します。売れたら○○%をお支払いします」といった、具体的な提案をしてくれる査定士が理想的です。

3　査定に自信がない場合は正直に言ってくれるか

査定士にも、得手、不得手があります。貴金属類には相場がありますが、ブランドものや骨董品、刀剣やフィギュア、玩具類などにはすぐに分かるような相場がありません。趣味のものはそれぞれ、専門知識を持つ鑑定士が存在します。一つのブランドのバッグに特化した鑑定士もいるくらいです。

そう、すべてに精通している人はいないのですから、価値が分からないものを依頼されたときの対応によって、信頼できる査定士かどうかを判断することができます。迷ったときは「同業者に確認してみます」と言う人の方が安心ということです。

ですから、様々な趣味品の査定を提案したときに「これは私には査定ができませんから、お預かりして後日回答してもよろしいでしょうか」という一言があれば、自身のプライドや二度手間の面倒はさておいて、依頼者のことを一番に考えている査定士であると見ていいでしょう。

特に大事で査定が難しいであろうと思われるものがある場合は、あらかじめ電話で伝えておくとよいでしょう。背伸びをしない業者であれば、査定の期日にその道の鑑定士を連れてきてくれるものです。

逆に、目利きでなければ分からないものが混じっているにもかかわらず、即時すべての金額を回答するような業者は怪しんでよいでしょう。すぐに「まとめて○○円でいかがですか」と言いだすような業者など問題外だということは、ここまでお読みくださった方であれば分かっていただけると思います。

遺品整理に向けて自分の心をもう一押し

信頼のおける査定士を見つけ、遺品整理の業者も決めることができた。あとは作業の日を決めるだけ……といった段階に至っても、なかなか踏ん切りがつかないことがあるでしょう。無理もありません。故人がいた部屋から何もかもがなくなってしまう遺品整理は、愛する人が本当にいなくなってしまったということを見せつけられる行為だからです。ある意味、葬儀のときよりも悲しい気分になってしまうかもしれません。できれば永遠に、このまま残してあげたいという気持ちになるのは、故人を心の底から慕っていれば当然の感情でしょう。

確かに、土壇場で慌ただしくすべてを持っていってもらうような遺品整理だったら後悔は生まれやすいと言えます。「これでよかったのだろうか」「思い出のものが、すっかりなくなってしまった」「そういえば、あんなものがあった気がするけれど、もう捨ててしまったし、戻ってこないんだろうな……」などと、あとでくよくよしてしまうかもしれません。

しかし、本当に信頼のおける遺品整理士にすべてを委ねることができたなら、貴重品はきっちり探しだせますし、思いも寄らないものを発見することもできます。それを必要か不要か判断するのは遺族ですから、結果的に何も残らないかもしれませんが、それも含めて「きちんと整理することができた」という実感と安心感が生まれるのです。

整理をしている間に思い出があふれてきて、泣いてしまったりすることもあるでしょう。大の大人が取り乱してしまうくらい、遺品というものは力を持っています。帽子一つ、バッグ一つに触れたとたんに「お父さんが孫との旅行によく被ってきてた、お気に入りの帽子だな」「私が小さいときにお母さんが持ってたバッグ、まだ捨ててなかったんだ」と、ものに関する記憶が思い浮かぶのです。

遺品一つ一つを手放すことが、そのたびに故人との記憶の別れを経験することになりますから、もうどうしても作業を進めることができないくらい悲しみにつぶれそうになることもあるでしょう。そんなとき遺品整理士が隣にいれば、共感によって精神的なケアを施すことができます。

グリーフケアの一環としての遺品整理

最近では、「グリーフケア」関連の資格を取る遺品整理士が増えてきました。グリーフとは「悲嘆」のことで、特に近しい人を亡くすような大きな悲しみのことを言います。その感情は、ただ「悲しみ」「嘆き」で片づけられるようなものではなく、愛する人が亡くなってしまったという事実の否認、「どうして死んでしまったんだ」というような怒り、助けてあげられなかった後悔や自責の念など様々です。グリーフの状態にある人にとって、心の問題は身体にも影響を及ぼします。食欲不振や、不眠に陥ってしまう人もいるのです。

グリーフケアとは、グリーフの渦中にある人の心と身体の回復に力添えすること。グリーフケア・アドバイザーの認定講座を開講している日本グリーフケア協会によると、日本人に特徴的な死別の感情について主なものは次の四つです。

一　亡くなった人を思い起こし、愛しい・恋しい思いに占有される「思慕と空虚」
二　人と違ってしまったような気後れ感覚に代表される「疎外感」
三　何もやる気がしないうつにそっくりな「うつ的不調」
四　自分を奮い立たせようとする「適応・対処の努力」

これら四つの思いをまるで天秤《てんびん》に乗せているように、喪失感と回復の間を行ったり来たりして過ごすのだそうです。

このグリーフを癒すために重要なのは、まずはこういった一般的な症状や、大まかな悲嘆の期間を知ることであるとされています。悲嘆の期間は人によってまったく違うとは思いますが、自分を客観視することで、心の余裕が生まれるのでしょう。

次に、泣きたければ思い切り泣くなど悲しみを十分に解放する機会を作ることが重要であり、さらに人の助けを素直に受け入れ、力を借りることもグリーフ軽減のコツであるとされています。

遺品整理の最中に、膿《うみ》出しのように感情があふれてきてしまう人を、共感を持って支えることは、まさにグリーフケアの実践と言えるのではないでしょうか。グリーフケアの関連資格を取得する人には、葬儀関係者の他ホスピスの看護師や介護職、社会福祉士やカウンセラーなど様々な業種があるようですが、遺品整理士がグリーフの渦中にある人にかかわるタイミングは、その一番最後の最後、ということになるかと思われます。そんな自分の仕事の重要性に気づいた真摯《しんし》な遺品整理士が、少しでも遺族の力になれたらと次々に関連資格を取得しているのです。

このような資格を持っているかどうかは必ずしも重要ではありませんが、ものを丁寧に扱うことによって、人を癒すことができる職業であるという自覚を持っているのといないのとでは、仕事への姿勢がまるきり違ってきます。

遺品整理は心の整理

故人の写真を見るという行為一つとっても、片づけなければならないものばかりの部屋で焦燥感に襲われながら見るのと、やるべきことをやってすっきりした部屋で「こんな人だったね」と皆で思い出話をしながら見るのとでは、心のゆとりがまったく違います。故人にきちんとお別れを言って、前を向いて生きていく気分になれるのは、やはり整理がすっかり終わってからではないでしょうか。遺品整理は、思い出の受け取り方を前向きに変える力を持っているのです。

これまでのつながりをいったん断ち切り、これからを生きていくための遺品整理と考えれば、遺品整理は心の整理です。「もっと何かしてあげられたのに……」「故人は果たして、幸せだったのだろうか」というモヤモヤとした遺族の気持ちは、遺品整理をすれば必ずすっきりと晴れることでしょう。

生活の中にあったささやかな楽しみ、幸せだったころの記憶、そのようなものであふれた部屋を片づけた後には、故人に対して「今まで生きていてくれて、ありがとう」といった感謝の気持ちが生まれてくるのです。思い出は更新され、また育むべきものとして、生まれ変わります。

「残された者の役割を果たせたと、ホッとした気持ちです」「これで前へ進んでいけます」といった感想を本当にたくさんいただきます。遺品整理を経験した方のすっきりとした笑顔を知っているからこそ、悲しみの中でもあえて背中を押して、しっかりお力になりたいと思うのです。

遺品をどう残すか

具体的には、どんなものを遺品として残せばよいのか。果たして参考になるかどうかは分かりませんが、私自身の話をさせてください。

父が亡くなって遺品整理をする中で、どうしても処分できないものがありました。それは例えば、最後まで病室で着ていた、寝巻に使っていた浴衣《ゆかた》です。私と父とではまったく体型が違いますから、その浴衣を私が着ることはできません。それから、すでに使い古されていたハンカチ。言うまでもありませんが、一般的に見て値打ちはまったくありません。これから自分が使うようなものでもありません。でも、二つとも手放せませんでした。父が頻繁に身につけていたものについては、どうしても「捨てる」という気が起こらないのです。それらは、今も家にあります。

また遺品整理から丸四年、ゆっくりとその存在感を増してきた遺品があります。父の数《じゅ》珠《ず》です。母から「これはあなたが受け継ぎなさい」と木製の長い数珠を手渡されたときは、確かに懐かしいものだし、大事にしようと思いましたが、それ以上の感情はありませんでした。しかし自宅へ持ち帰って何となく居間に飾り、法事などがあるたびに持ち歩くようになると、気持ちに変化が生じてきたのです。

法事には親戚一同が集います。そこへ父の数珠を持っていくと「久しぶりに皆と会わせてあげられたなあ」という気持ちになるのです。あたかも、数珠自身が父であるかのように。もちろん法事はそうたびたびあるわけではありません。だからいつも身につけて歩いているわけではないのですが、その距離感も「父子らしい」というところでしょうか。非常に慎重に扱わなければならない貴重な遺品というよりも、連れ立って歩く形見のような感覚です。居間にいるたび、法事に出かけるたび、その数珠を見たり触れたりすると、父に見守られているような気持ちで安心します。

父の数珠は外見的にもさほど特徴のないシンプルなもので、高級品でないことは一目瞭然です。しかし私にとっては、いくらお金を積まれようと手放せない貴重な品となりました。このように、何気なく残しておいた遺品が、後々かけがえのない存在へと変貌を遂げることがあります。故人が使っていたもののうち、持っていても負担にならない身のまわりの小物、例えば名刺入れや札入れ、傘、時計などは、迷うようなら手もとにとどめておいた方がいいかもしれません。思い出を少しずつ育てていく中で、支えとなってくれる可能性があるからです。

私自身が手放してしまい後悔しているのが、父の眼鏡です。今でもふとしたときに気にかかるのですから、やはり生前、頻繁に身につけていたものはひとまず残すべきではないかと思っています。

ただ、遺品をどう残すかは、やはり人それぞれです。時間があるのなら、それこそグリーフからの回復に合わせて少しずつ処分できますから、自分でじっくりと見極めていく、その時間を大切にされた方がよいと思います。

そして、時間と心に余裕のない人ならなおさら、本当の最後の別れをより実りある経験にするために、今は必要ないと思えるものでもなるべく手もとに残してほしい。そのときでなくても構いませんから、どうか、一度手放してしまったら二度とは戻らない、かけがえのないものの存在に気づいていただきたいのです。

見えない遺品も大事に育てていく

遺品と呼べるかどうか分かりませんが、父から私のもとへ戻ってきたものもありました。

腕時計です。父は年老いてからの緑内障の手術が原因で目が見えなかったのですが、ある日突然「時計が欲しい」と言いだしました。私は耳を疑いました。父の目は時間を確かめることができませんから、どう考えても時計は不要なものです。しかし父は「外出するとき、少しでもきちんとした身なりをしていきたい」という理由で、時計が欲しいと言ったのです。

そこで手持ちの時計の中から、父の年代にも合うような、少しシックなものを選んでプレゼントしました。しかし、父は「いいよ、いいよ」と遠慮してしまい、亡くなるまでそれを一度も身につけることはありませんでした。もしかしたら、「とっておきのときに借りよう」と思っているうちに、その機会は訪れず、亡くなってしまったのではないでしょうか。結局、その時計は今も、私の手もとにあります。

その時計を見ていると、地方公務員で、何事においても質素に済ませ、堅実であった父の姿が思い浮かびます。そのことは、遺品を整理してみて改めて感じました。ブランドものや骨董の類は一切なく、愛用品はどこででも買えるような安価なものばかり。それを丁寧に何年も使い込んでいるのです。父の性格は知っていましたが、少し切なくなってしまいました。

例えば高級なゴルフクラブや釣竿など、こっそり買ってしまったようなものが発見されたなら、あきれるとともにホッとしたことでしょう。「何だ、親父、ああ見えてなかなかいいものを持っていたじゃないか」と家族で笑い合えたと思います。しかしここまで何もないと、もう少しよいものを持たせてあげたかったなあ、最後まで慎ましい人生であったなあと、しみじみ寂しくなります。本人はそれでよかったのかもしれませんが……。

父は対外的に見て高価なもの、値打ちのあるものを何一つ残さなかった。しかし、私の胸の中に、かけがえのない思いを植えつけていきました。あの日、父の遺品整理をあの業者に頼んでいなかったら、今ごろ私はどうしていたでしょうか。きっとここでこうして遺品整理の大切さを訴えることはしていなかったと思います。そう考えると、この仕事は天国の父が私に授けてくれたものであるように思えてならないのです。

遺品整理で扱うものは紛れもなく、形ある物体です。しかし、形の向こう側にある記憶や故人の思い、形にならずとも残していったものを感じられる瞬間が必ず生まれるはずです。ぜひ正しい遺品整理を行った後で、自分と故人がつながっている感覚が芽生える時間を大切にしてほしいと思います。

父の遺品としてこの仕事に新たな命を吹き込み、これから大きく育てていけたなら。

そう願ってやみません。

おわりに　遺品整理のこれから

遺品整理士認定協会はスタートしてからまだ四年足らず。にもかかわらず、新聞や雑誌、テレビ取材の話は毎日のようにありますし、業者からも一般の方からもお問い合わせを多数いただいています。あまりの反響の大きさに自分たちでも驚いているくらいです。

今思えば、設立は東日本大震災の次の年でした。皆さん、人の命について考えさせられる機会が多かったのかもしれません。また、揺れにより家の中にものが散乱してしまった経験などから、ものとのつき合い方を改めようと思った人も少なくなかったのでしょう。この需要の伸びについてきちんと分析し、理解を深めていかなければなりません。

「こんな資格ができるのを待っていたんですよ」と、当協会についてはじめての報道があった次の日にキラキラした目で訪ねてきてくださった方がいました。中国地方で便利屋を営んでいる親子が、一月の北海道にコートも着ずに現れたのです。まさに「矢も楯もたまらず飛んできた」と言える振る舞いに、驚くとともに感動しました。この親子のような情熱を持った方々が、「遺族のために、もっともっとできることがあれば学びたい」という思いを携えて、全国から次々と訪ねてきてくれるのです。何かと問題がある世の中でも、何かの役に立ちたいと思っている人が多い社会は信じられる。そう私は感じています。

遺品整理士のそんな情熱を受け止めるべく、全国組織としてできることは何かを日々考え、実践中です。例えば、全国規模のマンション管理会社と提携し、マンション内で遺品整理が発生したときに遺品整理士を派遣できる仕組みを作りました。業務提携をしている六社の物件数を合わせると、およそ二百万世帯となります。

この業務提携が結ばれる際に言われたのが、「おたくができてくれて、非常に助かったよ」という言葉です。当協会ができるまでは、遺品整理業者との提携の必要性を感じていても、どこにも相談することができなかったというのです。国内のすみずみにまで管理マンションが存在する企業からしてみれば、どんなに信頼がおける業者でも、全国に対応が行き届かなければ提携が難しいのは当然です。全国組織の必要性に改めて気づき、当協会の全体性や組織性をもっと活用しなければと感じた一幕でした。

そんな中でも特に実現に向けて頑張っているのが、遺品整理士の国の認定資格化です。民間資格を国家資格にするというのは険しい道のりであり、決して容易なことではないでしょう。しかし遺品整理業の需要が私たちの予想をはるかに超えて高まってきていることに加え、思いも寄らなかった新しい需要についての情報を得るようになり、遺品整理士のブランド力をよりいっそう高めなければと強く思うようになりました。

それは高齢化が急速に進む中国や韓国などからの需要です。国外の方から、「遺品整理はどのように行うべきものか」と、国内事情を含めた情報提供の依頼をいただくようになっています。同じことは、介護や葬儀の現場でも多くあると聞きます。

特に中国の急激な少子高齢化については、ご存じの向きも多いでしょう。一九七九年から三十五年にわたって続けられた「一人っ子政策」の果てに待っていたものです。さらに韓国でも、我が国よりも急速で急激な少子高齢化が問題になっています。その道筋は「日本病」などと言われるように、日本が辿ってきた、そして辿ってゆくもの。その情報を他国へ提供し、またサービス教育のため国外へ参入していくことができれば、それは新たな国際ビジネスへとつながります。いまだ経験したことのない事態にうろたえる国々へ貢献することができるうえに、我が国の経済発展にも役立つのです。

遺品整理士が国の認定資格になれば、社会的な信用度と職業的に高い地位を獲得することができます。遺品整理士資格を目印に、安心して依頼できる業者を探せるようになるのはもちろんですが、依頼者に不安を与えるような業者を一掃でき、かつ全国の遺品整理の状況を把握した情報提供ができるようになるのです。それは遺品整理士全体における技のブラッシュアップにつながります。依頼者が一定の質を保った遺品整理サービスを安心して受けられる、サービスをパッケージ化してどんな国にも持っていける、そんな未来が実現するでしょう。

国が認めた資格になれば、相応の社会的責任も生まれますし、当協会も組織として国に従事し、運営を行っていかなくてはならないものと思われます。しかしながら、これは業界唯一の全国組織である私たちが果たすべき使命と思い、ご遺族に少しでも安心して遺品整理を依頼できる環境を構築できるよう、日々尽力していきたいと考えています。

現在、当協会の資格を取りたいと希望するのは、多くはリサイクルショップやリフォーム業者、清掃業者、運送業者、便利屋の方々ですが、中には介護士や、介護施設を営む方などもいます。生前からの準備や気配りが、遺品整理の負担を軽くすると理解していただいているからだと感じています。

このことを考えれば、我々も亡くなった後のことばかりを専門にするわけにはいかないでしょう。地域の高齢者の生活にいかに安心を与えられるか、また人生をいかに充実感あふれるものにできるか、見守りネットワークに参加し、相互に学ぶ必要があります。地域の社会福祉協議会やNPO、地域包括支援センターなどと連携し、高齢者が生きやすい社会を実現させるお手伝いができれば、ますますの社会貢献がかないます。

私たちが社会から与えられている役割は無限大です。すべきことをこれからも常に模索していきたい。これからも高齢者や遺族の生活に寄り添い、ともに考え、ともに歩みたいと考えています。

著者近影

参考文献

［ウェブ資料］

一般廃棄物の排出及び処理状況等（平成二十四年度）について
http://www.env.go.jp/recycle/waste_tech/ippan/h24/data/env_press.pdf

高齢者の地域におけるライフスタイルに関する調査結果（平成二十一年度）
http://www8.cao.go.jp/kourei/ishiki/h21/kenkyu/zentai/

国民生活センター　相談事例と解決結果
http://www.kokusen.go.jp/jirei/info.html

「孤立死」の実態把握のあり方に関する調査研究事業報告書
https://www.nri.com/jp/opinion/r_report/pdf/201304_safetynet1.pdf

サービス付き高齢者向け住宅の登録制度の概要
http://www.mlit.go.jp/jutakukentiku/house/jutakukentiku_house_tk3_000005.html

「資源有効利用促進法」　法律原文と関係資料
http://www.meti.go.jp/policy/recycle/main/admin_info/law/02/index02.html

地域包括支援センターの業務内容について　http://www.mhlw.go.jp/topics/kaigo/kaigi/051031/dl/3-2.pdf
東京都二十三区における孤独死統計（平成二十五年）　http://www.fukushihoken.metro.tokyo.jp/kansatsu/kodokusi25.html
不用品回収業者に関する調査結果について（お知らせ）　http://www.env.go.jp/council/former2013/03haiki/y0324-02/ext01.pdf
平成二十二年国勢調査　http://www.stat.go.jp/data/kokusei/2010/
平成二十四年版高齢社会白書　http://www8.cao.go.jp/kourei/whitepaper/w-2012/zenbun/24pdf_index.html

【書籍】

岸恵美子『ルポ ゴミ屋敷に棲む人々』幻冬舎新書、二〇一二年
主婦の友社編『親の家を片づける』主婦の友社、二〇一三年

【著者】
木村榮治（きむら えいじ）
北海道小樽市生まれ。北星学園大学社会福祉学部卒。第3セクター職員を経て病院・民間企業などでの勤務を経験し独立。福祉系IT企業の株式会社シンクプロジェクトを設立し、日本で初めて精神障害者やひきこもりのためのインターネットシステム創設に携わる。2011年9月、一般社団法人遺品整理士認定協会を設立、理事長に就任。同年11月から認定を開始し、現在に至るまで約1万人の遺品整理士を誕生させている。一般社団法人ひきこもり支援相談士認定協議会理事長など、現在8団体の代表を務める。

平　凡　社　新　書　7　6　7

遺品整理士という仕事

発行日——2015年3月13日　初版第1刷

著者———木村榮治

発行者——西田裕一

発行所——株式会社平凡社
東京都千代田区神田神保町3-29　〒101-0051
電話　東京（03）3230-6580［編集］
東京（03）3230-6572［営業］
振替　00180-0-29639

印刷・製本—図書印刷株式会社

装幀———菊地信義

ISBN978-4-582-85767-2
NDC 分類番号385.6　新書判（17.2cm）　総ページ204
平凡社ホームページ　http://www.heibonsha.co.jp/